जात-पांत का विनाश

डॉ. भीमराव अम्बेडकर

डायमंड बुक्स
www.diamondbooks.in

प्रकाशक : डायमंड पॉकेट बुक्स (प्रा.) लि.
X-30 ओखला इंडस्ट्रियल एरिया, फेज-II
नई दिल्ली - 110 020
फोन : 011- 40712200
ई-मेल : wecare@diamondbooks.in
वेबसाइट : www.diamondbooks.in
संस्करण : 2024

Jaat-Paant Ka Vinash
by : *Dr. Bhimrao Ambedkar*

विषय-सूची

द्वितीय संस्करण : प्रस्तावना 5

तृतीय संस्करण : प्रस्तावना 6

आमुख 7

1. जात-पांत का विनाश (परिचय) 21
2. कांग्रेस बनाम समाज सुधार 23
3. समाजवाद बनाम सामाजिक न्याय 31
4. श्रम विभाजन और जाति-प्रथा 36
5. वंश और रक्त का सुधार व जाति प्रथा 38
6. क्या हिंदू एक 'समाज' है? 41
7. जातियों का राष्ट्र व समाज विरोधी रूप 42
8. आदिवासियों के उत्थान में बाधक जाति-प्रथा 43
9. जाति-वर्ण ही सामाजिक घृणा की जड़ है 45
10. धर्म प्रचार में बाधक जातियां 47
11. जाति-प्रथा सामाजिक बिखराव व बुझदिली का बड़ा कारण है 50
12. जाति से बहिष्कार : एक कठोर दंड 52
13. जाति प्रथा ने आचरण को नष्ट किया 54
14. मेरी कल्पना का आदर्श समाज कैसा हो? 56
15. आर्य सामाजियों की चतु-वर्णव्यवस्था 56
16. चातु-वर्ण की एक घिनौनी व अव्यवहारिक व्यवस्था 61
17. समाज को लकवाग्रस्त व लगभग मुर्दा बना देने वाली व्यवस्था 65
18. जातियों के बीच आपसी विरोध व दुश्मनी 69
19. गैर-हिंदुओं में जाति-प्रथा 70

20. जातिभेद का किला कैसे टूटे? 74
21. आखिर जाति व्यवस्था का नाश क्यों नहीं होता? 78
22. हिंदू धर्म शास्त्र तर्क, विवेक और नैतिकता से दूर क्यों? 83
23. धर्मशास्त्रों में सुधार की जरूरत क्यों? 87
24. धर्म और पुरोहित का नया रूप क्या हो? 90
25. हिंदुओं को विचार करने लायक कुछ सवाल 95
26. जाति व्यवस्था को जड़ से उखाड़ फेंकने की जरूरत 96

परिशिष्ट-I

1. डॉ. अंबेडकर के आरोप / अभियोग 98
2. जाति व्यवस्था का धर्म से कोई लेना देना नहीं है 101
3. वर्ण बनाम जाति 103

परिशिष्ट-II

डॉ. अंबेडकर का महात्मा गांधी को उत्तर 105

द्वितीय संस्करण

प्रस्तावना

जात-पांत तोड़क मंडल, लाहौर के लिए तैयार किए गए मेरे भाषण का हिंदू जनता द्वारा आश्चर्यजनक रूप से गर्म जोशी से स्वागत हुआ। भाषण उन्हीं को ध्यान में रखते हुए लिखा गया है। इंग्लिश एडिशन की डेढ़ हजार कॉपियां सिर्फ दो महीने में ही बिक गई। गुजराती और तमिल में भी इसका ट्रांसलेशन हो गया है। मराठी, हिंदी, पंजाबी और मलयालम में ट्रांसलेशन किया जा रहा है। इंग्लिश एडिशन की भारी मांग को पूरी करने के लिए इसका दूसरा एडिशन छपवाना बहुत जरूरी है।

हालांकि मुझे सलाह दी गई है कि इसके भाषण की शैली बदलकर इसे सुंदर आलेख के रूप में दुबारा लिखूं, लेकिन इतिहास की जानकारी और मेरी अपीलों के प्रभाव के कारण मैंने इसके शुरूआती मूल भाषण के रूप को ज्यों का त्यों रहने दिया है। मैंने इस दूसरे एडिशन में दो परिशिष्ट बढ़ा दिए हैं। पहले परिशिष्ट में मैंने गांधीजी के दो लेखों को रखा है जो मेरे भाषण पर उनके अंग्रेजी अखबार 'हरिजन' में छपी उनकी टिप्पणियां तथा उनके द्वारा जात-पांत तोड़क मंडल के सदस्य मा. संतराम को लिखा गया पत्र है। दूसरे परिशिष्ट में मेरे विचार है जो मैंने पहले परिशिष्ट में छपे गांधीजी के लेखों के जवाब के रूप में तैयार किया है।

गांधीजी के अलावा कई औरों ने भी भाषण में व्यक्त मेरे विचारों की आलोचना की है लेकिन मैंने सोचा है कि इन दूसरी विरोधी टिप्पणियों को ध्यान में रखने की बजाय मुझे सिर्फ गांधीजी तक ही अपने को सीमित रखना है और उन्हें ही जवाब देना है। यह मैंने इसलिए नहीं किया कि उन्होंने जो कुछ कहा है वह इतना वजनदार या महत्वपूर्ण है कि उसका जवाब देना बहुत जरूरी है, बल्कि इसलिए कि बहुत सारे हिंदुओं के लिए वह एक मसीहा या अवतार की तरह माने जाते है, इतने महान कि उनकी बातों को देव वाणी या ब्रह्म वाक्य मानते हैं और जब वह अपना मुंह खोलते है तो उम्मीद की जाती है कि अब बहस बंद हो जानी चाहिए, फिर कोई न बोलें। लेकिन दुनिया उन विद्रोहियों की बहुत कद्र करती है और एहसानमंद है जो ऐसे मुख्याओं या धर्माचार्यो के सामने वाद-विवाद में तर्क रखने की हिम्मत रखते है और जोर देते है। वे महान कहे जाने वाले व्यक्ति ऐसे नहीं है कि उनसे कोई नहीं गलती या चूक हो सकती है।

मैं ऐसे किसी श्रेय या सम्मान की परवाह नहीं करता जो हर प्रगतिशील समाज में ऐसे विद्रोहियों को मिलना चाहिए। यदि मैं हिंदुओं को यह एहसास करा सका कि वे भारत में बीमार लोग है और उनकी बीमारी दूसरे भारतीयों के स्वास्थ्य, खुशहाली व प्रगति के लिए खतरा बन सकती है तो मुझे इससे बड़ा संतोष होगा।

बी. आर. अंबेडकर

❍

<u>**तृतीय संस्करण**</u>

प्रस्तावना

किताब के रूप में इस आलेख का दूसरा एडिशन सन् 1937 में छपा था और बहुत ही थोड़े समय में वह बिक गया। काफी समय से इस किताब के नये एडिशन की भारी मांग आ रही थी। मेरी इच्छा थी कि मैं इस किताब को नया रूप दूं और इसमें अपने एक अन्य आलेख 'भारत में जातियाँ, उनकी रचना, उत्पत्ति और विकास' को भी शामिल कर दूं, जो 'इंडियन एंटिक्वेरी' जर्नल के मई, 1917 के अंक में छपा था। लेकिन मुझे समय नहीं मिला और ऐसा करने की अब सम्भावना भी बहुत कम है। ऐसा न कर सकने से मुझे कुछ निराशा भी हुई। चूंकि लोग भी लगातार इसकी मांग कर रहे हैं, इसलिए इस तीसरे एडिशन के लिए इसके दूसरे एडिशन को ही ज्यों का त्यों फिर से छपवाकर ही मुझे संतोष करना पड़ रहा है। मुझे इस बात की बहुत खुशी है कि मेरा यह आलेख इतना अधिक लोकप्रिय हुआ। मुझे उम्मीद है कि यह अपने उस उद्देश्य की पूर्ति करेगा जिसके लिये यह लिखा गया था।

22, पृथ्वीराज रोड, नई दिल्ली, 1 दिसम्बर, 1944

-बी.आर अम्बेडकर

❍

आमुख

पत्र व्यवहार- 12 दिस. 1935 को 'जात-पांत तोड़क मंडल' के सचिव मा. संतराम का मुझे यह पत्र मिला

'मेरे प्रिय डॉ. साहेब,

आपके 5 दिसम्बर के पत्र के लिए बहुत-बहुत धन्यवाद। मैं माफी चाहता हूं कि आपकी आज्ञा के बिना ही मैंने उसे अखबारों में छापने के लिए दे दिया है। दरअसल इसके प्रचार-प्रसार करने में मुझे कोई हर्ज नजर नहीं आया। आप एक महान विचारक है और यह मेरी दृढ़ राय है कि जात-पांत के मामले में जितना गहन अध्ययन आपने किया है उतना किसी दूसरे ने नहीं किया। मैंने और हमारे मंडल ने आपके विचारों से हमेशा बहुत लाभ उठाया है। मैंने कई बार इन विचारों को मंथली मैग्जीन 'क्रांति' के द्वारा प्रचार भी करता रहा हूं और कई सम्मेलनों में उन पर व्याख्यान भी दे चुका हूं। अब मैं आपके इस नए फार्मूले की व्याख्या सुनने के लिए बहुत उत्सुक हूं कि "जिस धार्मिक भावनाओं व विश्वासों पर जात-पांत आधारित है, जब तक उनकी जड़ों को नष्ट नहीं किया जाता तब तक इसको मिटाना सम्भव नहीं है।" कृपा कर बहुत जल्दी ही इसको विस्तार से समझाने का कष्ट करें ताकि हम इस विचार को लेकर प्रेस व अन्य माध्यमों द्वारा इसका प्रचार कर सकें। अभी तक मुझे इस फार्मूले का भाव अच्छी तरह से समझ में नहीं आया है।

हमारे मंडल की कार्यकारिणी समिति आपको हमारे वार्षिक सम्मेलन का अध्यक्ष बनाने की बहुत इच्छुक है और आग्रह कर रही है। आपकी सुविधा को ध्यान में रखते हुए हम अपने सम्मेलन की तारीख भी बदलने को तैयार हैं। पंजाब के स्वतंत्र विचारों वाले हरिजन विचारक आपसे मिलने और आपसे अपने उद्देश्यों पर विचार विमर्श करने के लिये बहुत उत्सुक है। इसलिए यदि आप हमारा अनुरोध स्वीकार करके लाहौर पधारेंगे और हमारे सम्मेलन के अध्यक्ष पद को सुशोभित करेंगे तो इससे दोहरे उद्देश्यों की पूर्ति होगी। हम अपने स्वतंत्र विचार वाले हरिजन नेताओं को भी आमंत्रित करेंगे और आपको उनके बीच अपने विचारों के आदान-प्रदान का अवसर भी मिल जाए। मंडल ने अपने असिस्टेंट सेक्रेटरी माननीय इंद्रसिंह को इस काम के लिए अधिकृत किया है कि वह क्रिसमिस के दिनों में आपसे बम्बई में मिले और आपके साथ सारी स्थिति को इस विचार से चर्चा में लाए और आपको हमारा अनुरोध स्वीकार करने के लिए तैयार कर सकें।

आपका शुभचिंतक

-संतराम बी.ए.

❍

मुझे बताया गया था कि 'जात-पांत तोड़क मंडल' सवर्ण हिन्दू समाज सुधारकों की एक संस्था है, जिसका केवल एक ही उद्देश्य है, सवर्ण हिन्दुओं में से जात-पांत के भेद को जड़ से मिटाना। आमतौर पर मैं किसी ऐसे आन्दोलन में भाग नहीं लेता जो सवर्ण हिन्दुओं द्वारा चलाया जा रहा है। सामाजिक सुधार के प्रति उनकी धारणाएं व उनका व्यवहार मेरे व्यवहार से इतने अलग है कि मेरे लिए उनके साथ मिलकर काम करना बहुत मुश्किल है। हकीकत यह है कि विचारों में भारी मतभेद होने के कारण मुझे उनके साथ काम करना अनुकूल नहीं लगता। इसलिए जब मंडल ने पहली बार मुझसे अनुरोध कि तो मैंने सम्मेलन का अध्यक्ष बनने से इंकार कर दिया। लेकिन मंडल ने मेरे इन्कार को नहीं माना और मुझे अध्यक्ष बनने के आमंत्रण को मनवाने के लिए अपना एक सदस्य मेरे पास बम्बई भेजा। आखिर में मैंने अध्यक्षता करने के लिये हां कर दी। मंडल का मुख्यालय लाहौर में था, जहां यह सम्मेलन क्रिसमिस के दिनों में होने जा रहा था लेकिन बाद में मई 1936 के मध्य तक के लिए स्थगित कर दिया। मंडल की स्वागत समिति ने अब इस सम्मेलन को बिल्कुल ही रद्द कर दिया है। सम्मेलन रद्द करने की सूचना मुझे, मेरे अध्यक्षीय भाषण छप जाने के बहुत दिन बाद मिली। इस भाषण की प्रतियां अभी तक मेरे पास रखी हुई है क्योंकि यह भाषण अध्यक्षीय पद से पढ़ने का अवसर ही नहीं मिल सका। इस कारण जनता को जात-पांत की व्यवस्था से पैदा होने वाली समस्याओं के सम्बन्ध में मेरे विचार जानने का अवसर ही नहीं मिल सका। अतः जनता को मेरे इस विचार से परिचित कराने के लिए और छपी हुई प्रतियों का उपयोग कराने के लिए, मैंने भाषण की इन प्रतियों को बाजार में ले जाने का फैसला किया है और अगले पन्नों में यही भाषण अपने असली रूप में दिया गया है।

शायद जनता यह जानने के लिए उत्सुक होगी कि आखिर वह कौनसी वजह है जिसके कारण सम्मेलन के अध्यक्ष पद के लिए मेरी नियुक्ति को रद्द कर दिया। शुरू में भाषण के छापने के सम्बन्ध में विवाद उठा था। मैं चाहता था कि यह भाषण बम्बई में ही छपे जबकि मंडल चाहता था कि रूपये कि बचत को ध्यान में रखते हुए इसे लाहौर में छपवाया जाए लेकिन मैं इससे सहमत नहीं हुआ। मैंने इसे बम्बई में ही छपवाने पर जोर दिया। मेरे सुझाव से सहमत होने की बजाय मुझे मंडल के कई सदस्यों के हस्ताक्षर किया हुआ एक पत्र मिला। उस पत्र में से मैं यह अंश पेश कर रहा हूं।

माननीय डॉक्टर साहब,

27 मार्च, 1936

आप द्वारा मा. संतराम के नाम लिखा हुआ 24 मार्च का पत्र हमें देखने को मिला। इसे पढ़कर हमें थोडी निराशा हुई है। यहां जो हालात पैदा हुए है शायद आपको उसकी पूरी जानकारी नहीं है। पंजाब के सभी हिन्दू इस प्रांत में आपको बुलाने के सख्त खिलाफ हैं। इसके लिए जात-पांत तोड़क मंडल की बहुत अधिक आलोचना हो रही है और हर तरफ से इसकी निंदा की जा रही है। लगभग सभी हिन्दू नेताओं, जिनमें हिन्दू महासभा के भूतपूर्व प्रधान भाई परमानंद एम.एल.ए., पूर्व अध्यक्ष, हिन्दू महासभा, महात्मा हंसराज, स्थानीय स्वायत्त शासन मंत्री डॉ. गोकुलचंद नारंग, राजा नरेंद्र नाथ एम. एल. सी. आदि शामिल है और इसी कारण ये सभी मंडल से अलग हो गये है। इन सब विरोधों व आलोचनाओं के बावजूद जात-पांत तोड़क मंडल के संचालक, जिनमें माननीय सतराम प्रमुख है, हर स्थिति को मुकाबला करने के लिये दृढ निश्चय किए हुए है कि अब चाहे जो हो आपको अध्यक्ष बनाने का विचार हरगिज नहीं छोड़ेंगे। अब तक मंडल की बहुत बदनामी हुई है।

ऐसी परिस्थितियों में मंडल को सहयोग करना आपका कर्त्तव्य हो जाता है। एक तरफ तो हिन्दू लोग मंडल के सामने इतने मुश्किलें पैदा कर परेशान कर रहे है और दूसरी तरफ यदि आप भी मण्डल की मुश्किलों को बढ़ाएंगे तो यह उनके लिए बड़े दुर्भाग्य की बात हो जाएगी। हम उम्मीद करते हैं कि आप इस मामले पर अच्छी तरह से विचार करेंगे और वही फैसला करेंगे जिसमें हम सब की भलाई हो।

आपके पत्र ने मुझे एक बहुत बड़ी उलझन में डाल दिया। मैं यह समझ नहीं पाया कि मंडल भाषण की छपाई के मामले में कुछ रूपयों के लिए मुझे नाराज क्यों कर रहा है। इसके अलावा मुझे यह भी उम्मीद नहीं थी कि सर गोकुलचंद नारंग जैसे व्यक्ति ने मेरे अध्यक्ष बनाए जाने के विरोध में मंडल से इस्तीफा दे दिया है, क्योंकि मुझे खुद सर गोकुलचंद नारंग की तरफ से जो पत्र मिला था वह इस प्रकार है

5, मोंटगोमरी रोड़, लाहौर 7 फरवरी, 1936

❍

प्रिय डॉ. अम्बेडकर,

जात-पांत तोड़क मंडल के कार्यकर्ताओं से यह जानकर मैं बहुत खुश हूं कि ईस्टर की छुट्टियों में लाहौर में होने वाले मंडल के वार्षिक सम्मेलन में आपने अध्यक्ष बनना स्वीकार कर लिया है। यह मेरे लिए बहुत खुशी की बात होगी यदि आप लाहौर प्रवास के समय मेरे घर ठहर कर आतिथ्य स्वीकार करें, बाकी मिलने पर।

आपका शुभचिंतक

-गोकुलचंद नारंग

❍

सच्चाई चाहे कुछ भी हो मैं उनके दबाव के आगे नहीं झुका। लेकिन मंडल ने जब यह देखा कि मैं अपने भाषण को बम्बई में ही छपवाने पर जोर दे रहा हूं तो मेरे सुझाव से सहमत होने के बजाय एक तार भेजा कि मंडल की ओर से आपके साथ व्यक्तिगत रूप से बातचीत करने के लिये मा. हरभगवान को बम्बई भेज रहे हैं। मा. हरभगवान 9 अप्रैल को बम्बई आए और मुझसे मिले तो मैने देखा कि इस विषय पर तो वह कुछ भी नहीं कहना चाहते थे। सच तो यह है कि उन्हें भाषण की छपाई से कोई लेना देना नहीं था कि भाषण को बम्बई में छपवाया जाए या लाहौर में। इसलिए हमारी बातचीत में उन्होंने इसका जिक्र तक भी नहीं किया। उन्हें एकमात्र चिंता यह थी कि भाषण में मैंने क्या लिखा है। दरअसल वह तो भाषण में व्यक्त विचारों को जानना चाहते थे। तब मुझे पक्का विश्वास हो गया कि भाषण को लाहौर में छपवाने का मंडल का मुख्य उद्देश्य रूपया बचाना नहीं था बल्कि भाषण में लिखी बातों की जानकारी हासिल करना था। मैंने उन्हें भाषण की एक कॉपी दे दी। भाषण के कुछ अंशों को पढ़कर वह खुश नहीं लगे इसके बाद वह लाहौर वापस चले गये। लाहौर से उन्होंने मुझे निम्न पत्र भेजा -

लाहौर, 14 अप्रैल, 1936

प्रिय डॉ. साहब,

मैं 12 अप्रैल को बम्बई से लाहौर वापस पहुंच गया हूं लेकिन मैं तभी से बीमार क्योंकि रेल में मुझे लगातार 5-6 रात ठीक से नींद नहीं आई थी। यहां आकर मुझे मालूम हुआ कि आप अमृतसर आए थे। यदि मैं स्वस्थ होता तो मैं वहां जरूर आपसे मिलता। मैंने आपका भाषण अनुवाद करने के लिए मा. संतराम जी को दे दिया है और उन्होंने इसे बहुत पंसद किया है। लेकिन उनको इस बात की आशा नहीं है कि 25 तारीख से पहले छपने के लिए इसका अनुवाद कर सकेंगे। हर हाल में इसका खुब प्रचार किया जाएगा, भाषण की बहुत प्रशंसा होगी और हमें यह विश्वास है कि यह हिन्दुओं को उनकी घोर निद्रा से जगाने का काम करेगा।

बम्बई में मुलाकात के समय आपके भाषण के जिस भाग की ओर मैंने आपका ध्यान दिलाया था, उसको हमारे मित्रों में से कुछने पढ़कर चिंता प्रकट की है और थोडी शंका भी हो रही है। हम में से वे लोग यह चाहते हैं कि यह सम्मेलन बिना किसी विवाद व किसी अप्रिय घटना के सम्पन्न हो जाए। वे यह चाहते है कि इस समय कम से कम 'वेद' शब्द को कुछ समय के लिए छोड़ दिया जाए। अब मैं यह बात आपके विवेक पर छोड़ता हूं। लेकिन मैं आशा करता हूं कि आप अपने भाषण के आखिरी भाग, उपसंहार में यह बात स्पष्ट कर देंगे कि भाषण में प्रकट किये गये विचार आपके निजी विचार है और उसकी जिम्मेदारी मंडल पर नहीं है। मैं आशा करता हूं कि आप मेरी इस बात का बुरा नहीं मानेंगे और भाषण की एक हजार प्रतियां हमें भेज देंगे। इन प्रतियों की कीमत हम आपको दे देंगे। ऐसा करने के लिये मैंने आज आपको एक टेलेग्राम भी भेजा है। एक सौ रूपये का एक चेक इस पत्र के साथ भेज रहा हूं। जिसकी प्राप्ति की सूचना जरूर देवे और बाद में इसका बिल भी भेजने की कृपा करें।

मैंने स्वागत समिति की एक मीटिंग रखी है और उसके होने वाले फैसले की सूचना आपको जल्दी ही दे दूंगा। आपने बम्बई में मेरे साथ प्रेमपूर्ण व्यवहार व मेहरबानी की और अपना भाषण तैयार करने के लिए आपने जो कड़ी मेहनत की हैं। उसके लिए कृपया मेरा हार्दिक धन्यवाद स्वीकार करें। आपकी कृतज्ञता के लिए हम सभी बहुत ऋणी है।

आपका

-हरभगवान

विशेष - कृपया भाषण की प्रतियां छप जाने पर जल्दी ही यात्री रेलगाड़ी द्वारा भेज देवें ताकि उन प्रतियों को प्रकाशन के लिए समाचार पत्रों को भेज दिया जाए।

मा. हरभगवान के पत्र के बाद मैंने एक हजार प्रतियां छापने के ऑर्डर के साथ अपने भाषण की स्क्रिप्ट प्रिंटर को दे दी। आठ दिन बाद मुझे मा. हरभगवान का एक दूसर पत्र मिला जिसे मैं नीचे दे रहा हूं-

लाहौर, 22 अप्रैल, 1936

प्रिय डॉ. अम्बेडकर,

आपका टेलेग्राम और लेटर मिला, इसके लिए कृपया हमारा धन्यवाद स्वीकार करें। आपकी इच्छा के अनुसार हमने फिर से अपना सम्मेलन स्थगित कर दिया है, लेकिन हम यह महसूस करते है कि यह 25 और 26 तारीख को हो जाए तो बहुत अच्छा होगा क्योंकि पंजाब में दिनोंदिन गर्मी तेज होती जा रही है। मई के बीच में काफी गर्मी पड़ने लगेगी जिस कारण दिन के समय सम्मेलन का आयोजन आरामदायक व सुखद नहीं होगा। फिर भी मई के बीच में सम्मेलन होने की दशा में हम आपकी सुविधा व आराम का यथासम्भव पूरा प्रबंध करने की कोशिश करेंगे।

फिर भी एक बात ऐसी है जिसकी ओर मैं आपका ध्यान दिलाने के लिए मजबूर। आपको याद होगा कि जब मैंने धर्म परिवर्तन के विषय पर आपकी घोषणा के सम्बन्ध में मेरे साथियों द्वारा उठाई गई आशंकाओं की ओर आपका ध्यान दिलाया था। उस समय आपने मुझसे कहा था कि इसमें कोई शक नहीं कि यह बात मंडल के कार्य क्षेत्र के बाहर की बात है और मंडल के मंच से इस विषय पर आपको कुछ भी नहीं कहना है। जब आपने मुझे अपने भाषण की प्रतिसूची दी थी तो उस समय आपने उस समय विश्वास दिलाया था कि आपके भाषण का प्रमुख भाग यही है और केवल दो या तीन आखिरी पेराग्राफ ही आप उसमें और जोड़ना चाहते है। लेकिन आपके भाषण की दूसरी किश्त मिलने पर हम हैरान रह गए है क्योंकि इसके साथ भाषण इतना लम्बा हो जाएगा कि बहुत कम लोग इसे पूरा पढ़ पाएंगे। इसके अलावा आपने भाषण में बार-बार यह कहा कि आपने हिन्दू समाज को छोड़ने का फैसला लिया है और यह आपका हिन्दू के रूप में आखरी भाषण है।

आपने अनावश्यक ही वेदों और हिन्दुओं के अन्य धार्मिक ग्रंथों की नैतिकता और औचित्य पर हमला किया है और हिन्दू धर्म के तकनीकी पक्ष पर बहुत लम्बा लिख दिया है, जिनका इस जाति समस्या से कोई सम्बन्ध नहीं है, यहां तक कि कुछ अंश तो असंगत और

अप्रासंगिक हो गए है। हमें बड़ी प्रसन्नता होती यदि आप अपना भाषण उसी अंश तक सीमित रखते जितना आपने मुझे दिया था और यदि बढ़ाना जरूरी ही था तो उसको इस सीमा तक ही रखते है जिसमें आपने ब्राह्मणवाद आदि पर लिखा है। आखरी भाग, जो हिन्दू धर्म के पूरे बीज नाश के बारे में है और हिन्दुओं के पवित्र ग्रंथों के आचरण व नैतिकता पर शंका करता है तथा आप द्वारा हिन्दू समाज को छोड़ देने के इरादे के सम्बन्ध में संकेत भी करता है, मुझे इस समय यह अनुकूल नहीं लगता।

इसलिए मैं सम्मेलन के लिए जिम्मेदार लोगों की तरफ से बड़ी विनम्रता के साथ आपसे आग्रह करता हूं कि आप भाषण के जिन अंशों की ओर मैंने ऊपर संकेत किया है, उनको निकाल दें और भाषण उतना ही रहने दीजिए जितना आपने मुझे दिया था या ब्राह्मणवाद पर कुछ पेराग्राफ्स उसमें और जोड़ दें। भाषण को अनावश्यक रूप से भडकाऊ या दिल दुखाने वाला, चुभने वाला बनाये जाने को हम कोई बुद्धिमानी नहीं समझते। हममें से कई ऐसे भी है जो आपकी भावनाओं का समर्थन करते है और हिन्दू धर्म को नया रूप देने के लिए आपके नेतृत्व में काम करने को तैयार है। यदि आपने अपने विचारों के लोगों को इकट्ठा करने का फैसला किया होता तो मैं आपको विश्वास दिलाता हूं कि आपके सुधारवादी कार्यकर्ताओं की इस फौज में एक बहुत बड़ी संख्या पंजाब से शामिल होंगे।

वास्तव में हमारा यह विचार था कि आप जात-पांत की बुराइयों को मिटाने में हमारा नेतृत्व करेंगे, खासतौर से इसलिए कि आपने इस विषय पर गहन अध्ययन किया है। हम यह भी समझते थे कि आप इस महान प्रयास द्वारा क्रांति लाकर अपने आपको संघर्ष का केन्द्र बनाकर हमारी ताकत को बढ़ाएंगे, लेकिन जिस प्रकार की घोषणा आपने की है उसे बार-बार दोहराने से अपनी शक्ति खो बैठेंगे, वह एक मजाक या साधारण सी चीज बनकर रह जाएगी। इन परिस्थितियों में आपसे आग्रह करता हूं कि आप इस पूरे मामले पर फिर से विचार करें और अपने भाषण को यह कहकर खास असरदार बनाएं कि यदि हिन्दू समाज जाति प्रथा को मिटाने के लिए सच्चे मन से सही दिशा में ईमानदारी से काम करना चाहते है, चाहे उन्हें इसके लिए अपने सगे-सम्बंधियों और धार्मिक मान्यताओं को भी छोड़ना पड़े, तो मुझे इसकी अगुवाई करने में खुशी होगी। यदि आप ऐसा करेंगे तो मुझे पूरा विश्वास है कि इस संघर्ष में पंजाब की ओर से आपको पूरा साथ मिलेगा।

मैं आपका हार्दिक आभारी रहूंगा यदि आप इस विकट समय में हमारी मदद करेंगे क्योंकि हम पहले ही बहुत खर्च कर चुके है और दबाव के साथ असमंजस की स्थिति में पड़े हुए है। आप हमें वापसी डाक द्वारा सूचित करें कि आपने अपने भाषण को सीमित करने की मेहरबानी कर दी है। यदि आप अब भी अपना भाषण मूल रूप में पूरा छपवाने का आग्रह करेंगे, तो हमें बहुत अफसोस है कि हमारे लिए यह सम्मेलन करना सम्भव नहीं होगा और उचित भी नहीं होगा।

ऐसी दशा में हम इस सम्मेलन को अनिश्चित समय के लिए स्थगित कर देना ही उचित समझेंगे। ऐसा करने से अर्थात् बार-बार सम्मेलन को स्थगित कर आगे करने के कारण जनता का विश्वास हमारे प्रति कम हो जाएगा।

अंत में हम यह बात जरूर कहना चाहते है कि जात-पांत की व्यवस्था पर यह इतना आश्चर्यजनक व अच्छा आलेख हैं जो आज तक लिखे गए दूसरे लेखों से बढ़कर है। हम यह बेशक कह सकते है कि यह आलेख एक कीमती विरासत सिद्ध होगा और इसने हमारे दिलों में आपके प्रति सम्मान काफी बढ़ा दिया है। इस लेख को तैयार करने में आपने जो कठिन परिश्रम किया है, उसके लिए हम सदा आपके आभारी रहेंगे।

आपकी कृपा के लिए बहुत धन्यवाद और शुभकामनाओं के साथ,

आपका शुभचिंतक

-हरभगवान

माननीय हरभगवान, इस पत्र के उत्तर में मैंने यह जवाब भेजा -

प्रिय माननीय हरभगवान, 27 अप्रैल, 1936

मुझे आपका 22 अप्रैल का पत्र मिला। मुझे यह जानकर अफसोस हुआ कि यदि मैं अपना भाषण मूल रूप से पूरा छापने के लिए दबाव डालूंगा तो जात-पांत तोड़क मंडल की स्वागत समिति सम्मेलन को अनिश्चित समय के लिए स्थगित करना पसंद करेगी। इसके उत्तर में मैं आपको सूचित करना चाहता हूं कि मैं कोई अशिष्ट भाषा का प्रयोग पसंद नहीं करता, यदि मंडल मेरे भाषण को काट-छांट कर अपने विचारों के हिसाब से अनुकूल बनाने पर जोर देता है तो मैं भी गोलमाल बात करना पसंद नहीं करता और यही चाहूंगा कि सम्मेलन रद्द कर दिया जाए। आप शायद मेरा फैसला पसंद न करें लेकिन मैं सम्मेलन की अध्यक्षता करने के सम्मान के खातिर उस स्वतंत्रता को नहीं छोड़ सकता जो हर अध्यक्ष को अपना भाषण तैयार करने के लिए मिलनी चाहिए। मंडल को सिर्फ खुश करने के लिए उस कर्त्तव्य को छोड़ नहीं सकता, जो हर अध्यक्ष का उस सम्मेलन के प्रति होता है, जिसका अध्यक्ष बनकर उसे वह मार्ग दिखलाना आवश्यक है जिसे वह ठीक व उचित समझता है। यहां सवाल सिद्धान्तों का है और मैं यह महसूस करता हूं कि इसके बारे में मुझे किसी प्रकार का समझौता नहीं करना चाहिए।

स्वागत समिति द्वारा लिए फैसले के उचित होने के सम्बन्ध में मुझे किसी विवाद में पड़ना पसंद नहीं है। चूंकि आपने कुछ कारण दिए है जो मुझे दोषी ठहराते नजर आते है इसलिए उन आरोपों का उत्तर देना मेरे लिए अब जरूरी हो जाता है। पहली बात तो यह है कि मैं इस भावना को दूर कर देना चाहता हूं कि समिति ने जिस भाग पर एतराज जताया है उसमें व्यक्त मेरे विचार मंडल के लिए नई चीज थी और हैरानी हुई थी। मुझे उम्मीद है कि मा. संतराम मेरी इस बात की गवाही देंगे कि उनके पत्रों में से एक के जवाब में मैंने कहा था कि जात-पांत मिटाने का असली ढंग विभिन्न जातियों में आपसी विवाह तथा सहभोज करना ही नहीं बल्कि उन धार्मिक मान्यताओं व विचारों को नष्ट करना है जिन पर जाति प्रथा की नींव रखी गई थी और इसके उत्तर में मा. संतराम ने मुझे इसे विस्तार से स्पष्ट करने के लिए कहा था क्योंकि उन्हें यह विचार नया मालूम लग रहा था।

मा. संतराम के इस अनुरोध के जवाब में मैंने सोचा कि मुझे अपने भाषण में उस बात को विस्तार से स्पष्ट करना चाहिए जो मैंने उनके नाम अपनी चिट्ठी में एक लाइन में लिखी थी।

इसलिए आप यह नहीं कह सकते कि जो विचार मैंनें प्रकट किए है वे नए है और चाहे कुछ भी हो यह मा. संतराम जो आपके मंडल के प्रमुख स्तम्भ व मार्गदर्शक है, उनके लिए ये विचार नए नहीं है। लेकिन मैं इससे भी आगे जाकर यह कहना चाहता हूं कि मैंने अपने भाषण का यह भाग केवल इसलिए नहीं लिखा क्योंकि मेरी ऐसी इच्छा थी बल्कि मैंनें इसे इसलिए लिखा क्योंकि मेरे तर्कपूर्ण विचारों को पूरा करने के लिए यह बहुत जरूरी था। मुझे यह पढ़कर ताज्जुब हुआ कि भाषण के जिस भाग पर आपकी समिति को एतराज है उसे आप 'असंगत और अप्रासंगिक- बताते है। मैं यह कहने कि अनुमति चाहता हूं कि मैं एक वकील हूं और मुझे प्रासंगिकता के नियमों का ज्ञान आपकी समिति के किसी भी सदस्य से कम नहीं है। मैं दृढ़ता के साथ इस बात का दावा करता हूं कि जिस भाग पर एतराज किया गया है वह न केवल सबसे ज्यादा प्रासंगिक है बल्कि जरूरी व महत्वपूर्ण भी है। भाषण के इस भाग पर मैंने जात-पांत की व्यवस्था के खात्मे के लिए सर्वोत्तम उपायों का विवेचन किया है। आप यह कह सकते है कि जात-पांत को खत्म करने के सबसे अच्छे उपायों के सम्बन्ध में जिन नतीजों पर मैं पहुंचा हूं वह चौका देने वाले और दुखदायक हो। आप यह भी कह सकते है कि मेरा निष्कर्ष गलत है लेकिन आप यह नहीं कह सकते कि जात-पांत के सम्बन्ध में मुझे अपने भाषण में यह विचार प्रकट करने की छूट नहीं कि जातिप्रथा को कैसे खत्म किया जा सकता है।

आपकी दूसरी शिकायत भाषण के लम्बा हो जाने के सम्बन्ध में है। मैंने इस आरोप को भाषण में ही स्वीकार कर लिया है लेकिन इसके लिए असली जिम्मेदार कौन है? शायद आप इस मुद्दे पर कुछ देर से शामिल हुए, इसलिए शायद आपको पता नहीं कि मैंने खुद ही अपनी सुविधा के लिए एक छोटा भाषण लिखने का विचार किया था क्योंकि इतनी मेहनत से विस्तार वाले आलेख को लिखने की तैयारी में अपने आपको झोंकने के लिए न तो मेरे पास समय था न ही शारीरिक शक्ति। यह तो मंडल ने ही मुझे इस विषय पर विस्तार से प्रकाश डालने का आग्रह किया था, और मंडल ने ही जाति व्यवस्था से सम्बन्धित सवालों की एक लिस्ट भेजकर मुझे अपने भाषण में इनके जवाब देने के लिए कहा था। क्योंकि यह वे सवाल थे जो मंडल और उनके विरोधियों के बीच अक्सर बहस के समय उठाए जाते थे और वे उनका जवाब नहीं दे पाते थे। इसलिए इस विषय में मंडल की इच्छा के अनुसार ही भाषण इतना लम्बा हो गया। मैंने जो कुछ कहा है उसको ध्यान में रखते हुए आप इस बात से सहमत होंगे कि भाषण को लम्बा करने में मेरा कोई कसूर नहीं है।

मुझे आशा नहीं थी कि आपका मंडल केवल इसलिए इतना हायतौबा मचाएगा और घबरा जाएगा कि मैंनें हिन्दू धर्म की रूढ़ मान्यताओं को नष्ट करने की बात कही है। मेरा मानना है कि केवल मूर्ख लोग ही शब्दों से डरते है लेकिन इस विचार से ही कि कहीं लोगों के मन में किसी प्रकार की गलतफहमी न हो इसलिए मैंने इस बात को विस्तार से स्पष्ट करने की बहुत मेहनत की

है, जिसमें बताया गया है कि मेरा धर्म और धर्म के विनाश से क्या अर्थ है। मुझे विश्वास है कि मेरा भाषण पढ़कर किसी भी व्यक्ति को मेरे सम्बन्ध में कोई भ्रम नहीं रहेगा। 'धर्म का विनाश' आदि शब्दों की भाषण में व्याख्या कर देने आपके मंडल का सिर्फ इन शब्दों से ही इतना घबरा जाना, आपका मंडल मेरी नजर में सम्मान का अधिकारी नहीं रहता। ऐसे लोगों के लिए किसी के मन में सम्मान या आदर का भाव कैसे हो सकता है जो अपने को सामाजिक सुधारक की श्रेणी में तो रखते है लेकिन उस तरह के तर्कसंगत परिणामों पर अमल करना तो दूर की बात, उनके बारे में सुनने, पढ़ने से भी इन्कार कर देते है और डर जाते है।

आप इस बात से मुझसे सहमत होंगे कि मैंने भाषण को तैयार करने में कभी किसी प्रकार समय की सीमा को स्वीकार नहीं किया और भाषण में क्या लिखा होना चाहिए और क्या नहीं होना चाहिए, इस सवाल पर भी मेरे और मंडल के बीच कभी विचार-विमर्श नहीं हुआ था। मेरा हमेशा यह विचार रहा कि इस विषय में मेरे जो विचार है उनको अपने भाषण में व्यक्त करने के लिए मैं पूरी तरह से स्वतंत्र हूं। सच तो यह है कि जब तक आप 9 अप्रैल को बम्बई नहीं आए थे, तब तक मंडल को यह मालूम ही नहीं था कि मैं किस प्रकार का भाषण तैयार कर रहा हूं। आपके बम्बई आने पर मैंने अपनी इच्छा से ही आपको बताया था कि अछूत जातियों के धर्मान्तरण के सम्बन्ध में अपने विचारों को रखने के लिए आपके मंच का उपयोग करने की मेरी कोई इच्छा नहीं है। मैं यह समझता हूं कि मैंने भाषण की तैयारी में अपने दिए वचन का पूरी ईमानदारी से पालन किया है। सिवाय अपने तरीके से कही गई एक मामूली बात जैसे 'मुझे अफसोस है कि मैं यहां नहीं रहूंगा' - आदि। मैंने अपने भाषण में इस विषय पर और कुछ नहीं कहा। जब मैं देखता हूं कि आप ऐसे साधारण और अप्रत्यक्ष संदर्भ पर भी एतराज करते है तो मुझे मजबूर होकर पूछना पड़ता है कि क्या आपका विचार था कि आपके सम्मेलन का अध्यक्ष बनना स्वीकार करके मैं अछूत वर्गों के धर्म बदलने सम्बन्धी अपने विचारों को भी कुछ समय के लिए या हमेशा के लिए छोड़ दूंगा? यदि आपने ऐसा ही सोचा था तो मैं आपकों बता देना चाहता हूं कि आपकी ऐसी भूल के लिए मैं किसी प्रकार से जिम्मेदार नहीं हूं। यदि आपमें से किसी ने मुझे केवल इशारा भी किया होता कि मुझे अध्यक्ष बनाकर आप मुझे जो सम्मान दे रहे हैं उसके बदले में मुझे अपने धर्म परिवर्तन के कार्यक्रम में अपने विश्वास को छोड़ना पड़ेगा, तो मैं आपको बिल्कुल साफ शब्दों में यह बता देता कि मुझे जितनी चिंता अपने विश्वास की है उतनी आपसे मिलने वाली प्रतिष्ठा की नहीं। आपसे मिलने वाले सम्मान के मुकाबले में मैं अपने विचारों व विश्वासों की ज्यादा कद्र करता हूं।

आपके 14 अप्रैल के पत्र के बाद यह पत्र मिला और मैं बहुत हैरान हूं। मुझे विश्वास है कि जो भी व्यक्ति इन दोनों पत्रों को पढ़ेगा उसे ताज्जुब हुए बिना नहीं रहेगा। मुझे स्वागत समिति के इस अचानक पलट जाने का कारण समझ में नहीं आ रहा है। जिस समय आपने 14 तारीख को

पत्र लिखा था उस समय भाषण का जो कच्चा ड्राफ्ट समिति के पास था, उसमें आपके पत्र में लिखे इस आखिरी प्रारूप में जिसमें समिति के फैसले का हवाला दिया है, दोनों के विषय व भाव में कोई भी अन्तर नहीं है। मेरा कहना है कि क्या आप आखरी प्रारूप में एक भी ऐसा नया विचार बता सकते है जो पहले प्रारूप में नहीं थे। विचार एक ही हैं, फर्क केवल इतना है कि आखरी प्रारूप में उनको अधिक विस्तार से लिखा गया है। यदि भाषण में कोई बात आपत्तिजनक थी तो आप 14 अप्रैल को ही मुझे कह सकते थे लेकिन आपने ऐसा नहीं किया। इसके विपरीत आपने बातचीत में जो बदलाव सुझाए थे, मुझे उनको मानने या न मानने का अधिकार देते हुए भाषण की एक हजार प्रतियां छपवाने को कहा था। उसके अनुसार मैंने एक हजार प्रतियां भी छपवा ली और वह सब मेरे पास रखी हुई है। आठ दिन के बाद आप लिख रहे है कि आपको मेरे भाषण पर एतराज है और यदि इसको स्वीकार नहीं किया गया तो सम्मेलन रद्द कर दिया जायेगा। आपको यह मालूम होना चाहिए था कि भाषण में किसी प्रकार की काट-छांट की कोई आशा नहीं थी। मैंने बम्बई में आपसे कह दिया था कि मैं उसमें एक कॉमा भी बदलने को तैयार नहीं हूं। मैंने यह भी कह दिया था कि मैं अपने भाषण को छपने से पहले किसी दूसरे को दिखलाने को तैयार नहीं हूं और सेंसर या रोक-टोक के लिए किसी को आज्ञा नहीं दूंगा और आपको भाषण उसी रूप में स्वीकार करना होगा जिस रूप में मैंने उसे लिखा है। मैंने आपको यह भी बता दिया था कि भाषण में प्रकट किए गए विचारों के सम्बन्ध में सारी जिम्मेदारी पूरी तरह से मेरी है। यदि सम्मेलन में उन्हें पसंद नहीं किया और उससे भी आगे यदि उन पर निंदा व विरोध का प्रस्ताव भी पास कर दिया तो मैं बिल्कुल भी बुरा नहीं मानूंगा। मैं आपके मंडल को अपने विचारों की जिम्मेदारी के भार से मुक्त करने और इसके साथ ही अपने आपको सम्मेलन के साथ अधिक न उलझाने के लिए मैं इतना चिंतित था कि मैंने आपको सुझाव दिया था कि मैं चाहता हूं कि मेरे भाषण को एक अध्यक्षीय किस्म का भाषण न समझा जाए और सम्मेलन की अध्यक्षता करने तथा प्रस्तावों को पास कराने को लिए किसी अन्य व्यक्ति को ढूंढ लें। 14 अप्रैल को यह फैसला करने के लिए आपकी समिति से बढ़कर उपयुक्त और कोई दूसरा नहीं था लेकिन आपकी समिति ने फैसला नहीं किया। इसी बीच भाषण छपवाने का खर्च हो चुका है। यदि आपकी समिति कुछ अधिक दृढ़ होती तो यह खर्च बचाया जा सकता था।

मुझे आशा है कि मेरे भाषण में प्रकट किए गए विचारों का आपकी समिति के फैसले से कोई सम्बन्ध नहीं है। कई कारणों से मुझे विश्वास करना पड़ रहा है कि अमृतसर में आयोजित सिख प्रचार सम्मेलन में मेरी उपस्थिति का आप की समिति के फैसले के साथ बड़ा सम्बन्ध है। यही एक बड़ा कारण है। समिति ने 14 और 22 अप्रैल के बीच अचानक कमेटी के व्यवहार में जो बदलाव आया उसके बारे में कमेटी के अलावा संतोषजनक ढंग से दूसरा और कोई बता नहीं सकता। मैं इस विवाद को लम्बा नहीं करना चाहता इसलिए मैं चाहता हूं कि आप इस बात की

घोषणा कर दें कि जो सम्मेलन मेरी अध्यक्षता में होने जा रहा था वह रद्द कर दिया गया है। अब सारा आकर्षण व सद्भाव खराब हो चुका है और अब यदि आप की समिति मेरे पूरे भाषण को उसके वर्तमान रूप में स्वीकार भी कर लें तो भी मैं अध्यक्षता करने के लिए तैयार नहीं हूं। भाषण तैयार करने में मैंने जो कठिन मेहनत की है, मेरे द्वारा उठाये गये कष्टों के लिए आपने जो सराहना की है उसके लिए मैं आपको धन्यवाद देता हूं। यदि और कोई नहीं तो कम से कम मैं तो इस मेहनत से लाभान्वित हुआ हूं। मुझे अफसोस केवल इस बात का है कि मुझे इतनी कड़ी मेहनत ऐसे समय में करनी पड़ी जब मेरा स्वास्थ्य इस परिश्रम के भार को सहन करने के लायक नहीं था।

आपका शुभचिंतक

-बी.आर. अंबेडकर

यह पत्र व्यवहार उन कारणों को स्पष्ट कर देगा जिनकी वजह से मंडल ने मुझे अध्यक्ष बनाए जाने की नियुक्ति को रद्द कर दिया और अब पाठक भी निर्णय कर सकेंगे कि इसमें असली दोष किसका था। शायद यह पहला अवसर है जब किसी स्वागत समिति ने अध्यक्ष की नियुक्ति को सिर्फ इसलिए रद्द कर दिया हो कि वह अध्यक्ष के विचारों से सहमत नहीं है। लेकिन चाहे बात ऐसी हो या ना हो, जरूर यह मेरे जीवन में पहला अवसर था जब मुझे सवर्ण हिंदुओं के सम्मेलन में अध्यक्ष बनने के लिए आमंत्रित किया गया था। मुझे खेद है कि इसका ऐसा अफसोसजनक अन्त हुआ। लेकिन सवर्ण हिंदुओं के सुधारवादी दल और अछूतों के स्वाभिमानी वर्ग के बीच पाए जाने वाले ऐसे दुखद सम्बन्ध से कोई क्या आशा कर सकता है, जहां सवर्ण हिंदुओं के सुधारक अपने रूढ़िवादी साथियों से अलग होने को तैयार नहीं और स्वाभिमानी अछूतों के पास सुधारों पर बार-बार जोर देने के अलावा और कोई चारा या विकल्प नहीं हो।

राजगृह, दादर, बम्बई, 14 - 15 मई, 1936

-बी.आर. अंबेडकर

बाबासाहेब डॉ. भीमराव अंबेडकर का भाषण जात-पांत तोड़क मंडल (आर्य समाज), लाहौर

के वार्षिक सम्मेलन, 1936 के लिए तैयार किया गया भाषण, लेकिन इसे पढ़ा नहीं जा सका क्योंकि भाषण में व्यक्त किए गए विचार मंडल की स्वागत समिति को स्वीकार व सहन नहीं थे, इसलिए सम्मेलन ही रद्द कर दिया। बाद में बाबासाहेब द्वारा यही भाषण किताब के रूप में लाया, जिसे आज भी देश दुनिया में खूब पढ़ा जाता है।

1.

जात-पांत का विनाश (परिचय)

मित्रों,

जात-पांत तोड़क मंडल के मित्र सदस्यों ने सम्मान के साथ मुझे इस सम्मेलन की अध्यक्षता करने के लिए आमंत्रित किया है। उन मित्रों की स्थिति पर मुझे बहुत अफसोस है। मुझे मालूम है कि उन लोगों से मुझे अध्यक्ष चुनने के बारे में कई सवाल किए जाएंगे। मंडल से पूछा जाएगा कि लाहौर में क्या कोई ऐसा योग्य व्यक्ति नहीं था जो अध्यक्ष चुनने के लिए बंबई तक दौड़ना पड़ा। मुझे मालूम है कि मंडल को मुझसे अच्छी योग्यता रखने वाला व्यक्ति इस सम्मेलन की अध्यक्षता करने के लिए आसानी से मिल सकता था। मैंने हिंदू धर्म की आलोचना की है, मैंने महात्माजी (गांधीजी) के सिद्धांतों की भी आलोचना की है, उनके प्रभुत्व (authority) पर सवाल उठाए हैं, जिन पर हिंदुओं की काफी श्रद्धा व सम्मान (revere) है। हिंदू मुझसे घृणा करते है और वे मुझे अपने बगीचे का सांप समझते है। मैं समझता हूं कि राजनीतिक विचारों के हिंदू, जात-पांत तोड़क मंडल से यह सवाल जरूर करेंगे कि उन्होंने इस सम्मानजनक पद के लिए मुझे चुनकर हिंदुओं का अपमान क्यों किया। धार्मिक हिंदुओं को तो यह कतई पसंद नहीं आएगा क्योंकि सवर्ण हिंदुओं के सम्मेलन में सम्बोधन के लिए मुझे चुना जाना हिंदू शास्त्रों की मर्यादा व आदेशों के खिलाफ है। शास्त्रों के अनुसार तीन वर्णो में ब्राह्मण को ही गुरु स्थापित किया जाता है। 'वर्णानाम ब्राह्मणों गुरु यह शास्त्रों का निर्देश है इसलिए मंडल यह जानता है कि एक हिंदू को

किससे अपनी विद्या लेनी चाहिए और किससे नहीं।

शास्त्र हिंदुओं को इस बात की बिल्कुल आज्ञा नहीं देते है कि वे किसी को सिर्फ इस आधार पर अपना गुरु मान लें कि वह बहुत पढ़ा-लिखा व योग्य (well-versed)। यह बात महाराष्ट्र के एक ब्राह्मण संत रामदास ने बहुत स्पष्ट कही है, जिनके बारे में कहा जाता है कि उन्होंने शिवाजी को हिंदू राज स्थापित करने के लिए प्रेरित किया था। संत रामदास ने मराठी में लिखी अपनी सामाजिक, राजनीतिक व धार्मिक पुस्तक 'दासबोध' में एक जगह हिंदुओं से सवाल किया है कि क्या तुम किसी अंत्यज (अछूत) को इसलिए गुरु मान सकते है कि वह विद्वान है? और वह स्वयं ही उत्तर देता है। अब यह तो मंडल ही जानता है कि वह बंबई क्यों दौड़ा आया और क्यों उसने एक ऐसे व्यक्ति को चुना जो हिंदुओं के विचार में इतना विरोधी (repugnant) हो और उन्हें इतना झुकना पड़ा कि एक अछूत का चुनाव कर उससे सवर्ण हिंदुओं की सभा में सम्बोधन करवाना पड़ा। मैं अपने बारे में आपसे यह कहने की अनुमति चाहता हूं कि मैंने आपके निमंत्रण को अपनी इच्छा के खिलाफ और अपने बहुत अछूत साथियों की इच्छा के खिलाफ स्वीकार किया है। मैं यह भी जानता हूं कि मैं उन्हें। हरगिज स्वीकार्य नहीं (persona grata) हूं, वे मुझे देखना भी पसन्द नहीं करते है। मैंने यह सब जानते हुए जानबूझ कर हमेशा अपने को उनसे अलग रखा और अपने विचारों का प्रचार अपने समाज के प्लेटफार्म पर ही करता रहा, जिसके कारण पहले ही काफी नाराजगी पैदा हो चुकी है और वे अधिक छटपटा रहे हैं। मेरी यह बिल्कुल इच्छा नहीं है कि हिंदुओं के प्लेटफार्म पर खड़े होकर उनके सामने वह कुछ कहूं जो मैं उनके पीछे उनको सुनाता रहा हूं। यदि मैं यहां सम्मेलन में मौजूद हूं तो यह मेरी अपनी इच्छा (wish) के कारण नहीं बल्कि आपके चुनाव (choice) के कारण हूं।

मंडल का उद्देश्य समाज सुधार करना है, इस नेक लक्ष्य के प्रति मेरी रूचि व लगन हमेशा से रही है इसलिए मैंने अनुभव किया है कि इस शुभ कार्य में मदद करने के अवसर से इन्कार नहीं करना चाहिए। अब यह फैसला तो आप ही कर सकते है कि जो कुछ मैं आज कहने जा रहा हूं वह किस प्रकार से आपकी समस्याओं, जिनका आपको सामना (grappling) करना पड़ रहा है, को हल करने में सहायता करेगा। मेरी इच्छा है कि इन समस्याओं पर अपने विचार आपके सामने पेश करूं।

❍

2.

कांग्रेस बनाम समाज सुधार

भारत जैसे देश में समाज सुधार (social reform) का मार्ग स्वर्ग को जाने वाले मार्ग की तरह है और यह बहुत सारी कठिनाईयों से भरा पड़ा है। भारत में समाज सुधार कार्य में सहायता करने वाले मित्र कम होते है लेकिन आलोचना करने वाले (critics) अधिक है। आलोचना करने वाले भी दो तरह के होते है- एक राजनीतिक सुधारक (political reformers) और दूसरे समाजवादी सुधारक (socialists)। एक समय था जब यह माना जाता था कि सामाजिक कुशलता या दक्षता (efficiency) व निपुणता के बिना किसी दूसरे कार्य क्षेत्र में स्थायी प्रगति संभव नहीं है। और सामाजिक कुरीतियों के कारण जो बिगाड़ पैदा हुआ है उससे हिंदू समाज में सामाजिक सामर्थ्य नहीं रहा है। इसलिए इन कुरीतियों को जड़ से उखाड़ने के लिए लगातार संघर्ष किया जाना जरूरी है। इस सच्चाई को स्वीकार कर लेने के ही कारण राष्ट्रीय कांग्रेस की स्थापना के साथ सामाजिक सम्मेलन (सोशल कॉन्फ्रेंस) की नींव रखी गई थी। कांग्रेस देश के राजनीतिक संगठन की कमजोरियों के बारे में बताती थी और सोशल कॉन्फ्रेंस हिंदू समाज के सामाजिक संगठन की कमजोरियों को दूर करने के प्रयास करती थी। कुछ समय तक कांग्रेस और कॉन्फ्रेंस दोनों ही एक कार्य को दो अंगों की तरह मिलकर काम करती रही। दोनों का वार्षिक सम्मेलन भी एक मंच पर होता था लेकिन जल्दी ही ये दो पक्ष दो पार्टियों में बदल गये थे। एक राजनीतिक सुधार पार्टी और दूसरी सामाजिक सुधार पार्टी। दोनों में बाद में जोरदार विवाद छिड़ गया। राजनीतिक सुधार पार्टी राष्ट्रीय कांग्रेस का समर्थन करती थी, जबकि समाज सुधार पार्टी सोशल कॉन्फ्रेंस का समर्थन करती थी। इस प्रकार दोनों संस्थाएं एक दूसरे की घोर विरोधी पार्टियां बन गई। झगड़े और विवाद का मुद्दा यह था कि क्या समाज सुधार का काम राजनीतिक सुधार से पहले किया जाए। दस साल तक दोनों शक्तियों का पलड़ा बराबर रहा और लड़ाई में किसी की जीत के बिना विवाद जारी रहा। लेकिन यह बात स्पष्ट दिख रही थी कि सोशल कॉन्फ्रेंस का भविष्य बहुत जल्दी ही खत्म हो रहा था।

जो लोग सोशल कॉन्फ्रेंस के सम्मेलनों में अध्यक्षता करते थे, वे शिकायत करते थे और इस बात से दुखी थे कि अधिकतर पढ़े-लिखे हिंदू राजनीतिक प्रगति तो चाहते है लेकिन समाज सुधार के प्रति उदासीन (indifferent) है। इसमें उनकी कोई रूचि नहीं है। इसलिए कांग्रेस में भाग लेने वालों की संख्या बहुत अधिक होती थी और उससे सहानुभूति रखने वालों की संख्या

उनसे भी अधिक थी। लेकिन सोशल कॉन्फ्रेंस में शामिल होने वालों की संख्या उनके मुकाबले में बहुत ही कम थी। इस प्रकार जनता की उदासीनता के बाद जल्दी ही राजनीतिज्ञों ने खुले रूप से सामाजिक सम्मेलन का विरोध शुरू कर दिया। कांग्रेस पहले सामाजिक सम्मेलनों के लिए अपना मंच उपलब्ध कराती थी लेकिन दिवंगत माननीय तिलक के विरोध करने पर कांग्रेस ने अपना मंच देना भी बंद कर दिया। दोनों में दुश्मनी यहां तक बढ़ गई थी कि जब सामाजिक सम्मेलन ने स्वयं अपना मंच बनाना चाहा तो उसके विरोधियों ने उसे जला देने की धमकी दे दी। इस प्रकार कुछ समय बाद राजनीतिक सुधार का पक्ष लेने वाली पार्टी जीत गई और सामाजिक सम्मेलन भंग होकर खत्म हो गया। और लोग भी उसे भूल गये। सन् 1892 में मि. डब्ल्यू. सी. बनर्जी इलाहाबाद में हुए कांग्रेस के आठवें अधिवेशन के अध्यक्ष हुए थे। उन्होंने उस समय जो भाषण दिया था वह एक प्रकार से सोशल कॉन्फ्रेंस की मौत का अंत्येष्टि भाषण था यानी शोक संदेश की तरह था। यह भाषण कांग्रेस के व्यवहार का इतना सटीक उदाहरण है कि मैंने इसमें निम्नलिखित अंशों का वर्णन करने का साहस किया है। भाषण में श्री बनर्जी ने कहा था-

"मैं उन लोगों के साथ सहमत नहीं हूं या उनसे सहानुभूति नहीं रखता जो यह कहते है कि जब तक हम अपने सामाजिक ढांचे में सुधार नहीं करते तब तक हम राजनीतिक सुधार के योग्य नहीं हो सकते, लेकिन इन दोनों के बीच कोई सम्बन्ध नजर नहीं आता है। क्या हम राजनीतिक सुधारों के लिए सिर्फ इसलिए योग्य नहीं है क्योंकि हमारी विधवा स्त्रियों का पुनर्विवाह नहीं होता और दूसरे देशों की अपेक्षा हमारी लड़कियां छोटी उम्र में ब्याह दी जाती है? या हमारी पत्नियां और पुत्रियां हमारे साथ कारों में बैठकर हमारे मित्रों से मिलने नहीं जाती या यह कि हम अपनी बेटियों को ऑक्सफार्ड या केम्ब्रिज यूनिवर्सिटी नहीं भेजते?"

मा. बनर्जी ने राजनीतिक सुधारों का जिस प्रकार समर्थन किया था वह मैंने ऊपर बता दिया है। उस समय अनेक लोग ऐसे थे और अब भी है जो इस विषय में कांग्रेस की जीत देखकर खुश थे। लेकिन जो लोग सामाजिक सुधार के महत्व में विश्वास रखते है वे पूछ सकते है कि क्या मि. बनर्जी की बात का कोई उत्तर नहीं है? क्या इससे सिद्ध होता है कि जीत उन्हीं की हुई जो सच्चे थे? क्या इससे कोई निष्कर्ष साबित हो जाता है कि सामाजिक सुधार का राजनीतिक सुधार से कोई सम्बन्ध नहीं है? आइए, जरा इस दृष्टि में अछूतों के प्रति सवर्ण हिंदुओं के व्यवहारों पर विचार करें, इससे इस विषय को समझने में सफलता मिलेगी।

महाराष्ट्र में पेशवाओं के शासनकाल में यदि कोई सवर्ण हिंदू सड़क पर चल रहा होता था अछूत को वहां चलने की आज्ञा नहीं होती थी। ताकि कहीं ऐसा नहीं हो कि उसकी छाया किसी हिंदू पर पड़ जाने से वह उसे अपवित्र कर दें। अछूत को अपनी कलाई पर या गले में निशानी के तौर पर एक काला डोरा बांधना पड़ता था ताकि हिंदू भूल से उसे छूकर अपवित्र न हो जाए। पेशवाओं की राजधानी पूना में अछूतों को कमर पर एक झाड़ू बांधकर चलना पड़ता था। क्योंकि

उनके चलने से जमीन पर उनके पैरों से जो निशान बनते है उनको उस झाड़ू से मिटाते जाए। ताकि कोई हिंदू अछूत के पैरों के निशानों पर अपने पैर रखने से अपवित्र न हो जाए।

पूना में अछूत चाहे कहीं भी जाए उनका अपने गले में मिट्टी की हांडी लटका कर चलना पड़ता था ताकि उसे थूकना हो तो उसमें थूकें। क्योंकि जमीन पर थूकने से यदि उसके थूक पर किसी हिंदू का पैर पड़ गया तो वह अपवित्र हो जाएगा। मैं हाल ही की कुछ अन्य घटनाओं को पेश करने की आज्ञा चाहता हूं। सेन्ट्रल भारत में बलाई नाम की एक अछूत जाति रहती है। हिंदुओं द्वारा उन पर किए गए अत्याचार मेरी बात स्पष्ट कर देंगे। 4 जनवरी 1928 के टाइम्स ऑफ इंडिया अखबार में इन जुर्मों की रिपोर्ट छपी है। इस रिपोर्ट में लिखा है कि कथित ऊंची जाति के सवर्ण हिंदुओं ने अर्थात कलोटिया, राजपूतों और ब्राह्मणों ने, जिसमें इंदौर जिले के कनाडियां, बिचौली हप्सी, बिचौली मर्दाना और लगभग 15 दूसरे गांवों के पटेल और पटवारी भी थे। उन्होंने अपने-अपने गांव के बलाईयों को धमकी दी कि यदि तुम हमारे सहारे जिंदा रहना चाहते हो तो तुम्हें हमारी ये आज्ञाएं माननी पड़ेगी।

1 बलाई जाति के लोग सुनहरी गोटा की किनारी वाली पगड़ी नहीं पहनेंगे।

2 वे रंगीन या सुंदर किनारे वाली फैशनेबल धोती नहीं पहनेंगे।

3 वे किसी हिंदू की मौत की खबर उसके कितने ही दूर रिश्तेदारों को जरूर पहुंचाएंगे।

4 वे सभी हिंदुओं के विवाह समारोह में बारात के आगे-आगे बाजा बजाते हुए चलेंगे

5 बलाई स्त्रियां सोने चांदी के गहने व सुंदर गोटे व फैशनदार कपड़े भी नहीं पहनेगी।

6 बलाई औरतें हिंदू औरतों के बच्चों के जन्म के समय प्रसूति में उनकी सेवा करेगी।

7 बलाई लोग हिंदुओं की सेवा करने की ऐवज में कोई मेहनताना नहीं मागेंगे तथा हिंदू उन्हें अपनी इच्छा से जो कुछ भी देंगे वे उसे स्वीकार कर संतुष्ट हो जाएंगे।

8 यदि बलाई लोगों को यह शर्तें स्वीकार नहीं हो तो वे गांव छोड़कर निकल जाए।

बलाईयों ने इन आज्ञाओं को मानने से इनकार कर दिया तो हिंदुओं ने उनके खिलाफ सामाजिक कार्यवाही शुरू कर दी। बलाईयों को गांव के कुओं से पानी भरने और अपने पशु चराने से रोक दिया। बलाईयों को हिंदुओं की जमीन में से होकर जाने से भी मना कर दिया। इसलिए ताकि यदि बलाई के खेत के आस-पास हिंदुओं के खेत हो तो बलाई अपने खेत में नहीं जा सकें। हिंदुओं ने बलाईयों के खेतों में अपने पशु चरने के लिए छोड़ दिए। बलाईयों ने इस अत्याचार के खिलाफ इंदौर दरबार में अर्जी दायर की लेकिन उचित समय पर मदद नहीं मिल सकने और जुल्म जारी रहने के कारण सैंकड़ों बलाई अपने बीवी-बच्चों सहित उन घरों को छोड़ने पर मजबूर हो गए जिनमें उनके बाप-दादा पीढ़ीयों से रहते आए। वे उस इलाके के आस-पास की रियासतों जैसे धार, देवास, बागली, भोपाल, ग्वालियर तथा अन्य रियासतों के गांवों में चले जाने के लिए मजबूर हो गए। उनके नये घरों में उनके साथ क्या बीती इसका वर्णन करना कठिन है।

गुजरात के कविथा गांव में हुई एक घटना अभी पिछले ही साल ही घटी है इस गांव के हिंदुओं ने अछूतों को आदेश दिया कि वे गांव के सरकारी स्कूल में अपने बच्चों को भेजने की हाथा जोड़ी नहीं करें। सवर्ण हिंदुओं की इच्छा के खिलाफ अपने नागरिक अधिकारों के उपयोग करने का साहस करने के लिए बेचारे अछूतों को कितना जुल्म सहन करना पड़ा, यह हर कोई जानता है। इसका ज्यादा वर्णन करने की यहां जरूरत नहीं है। गुजरात के अहमदाबाद जिले के जुहू नामक गांव की एक अन्य घटना सुनिए। नवम्बर 1935 में कुछ सम्पन्न अछूत परिवारों की कुछ औरतों ने धातु के बर्तनों में पानी लाना शुरू कर दिया। हिंदुओं ने अछूतों द्वारा धातु (metal) के बर्तनों का प्रयोग करना अपनी शान के खिलाफ और अपमान समझा। इस गुस्ताखी के लिए अछूत औरतों पर निर्दयता से हमला कर मारा पीटा।

जयपुर के चकवाड़ा गांव से हाल ही में एक खबर मिली है। अखबारों में छपी खबरों के अनुसार चकवाड़ा गांव के अछूत ने तीर्थ यात्रा से लौटकर धार्मिक पुण्य की पालना में गांव के अछूत भाईयों को प्रसादी भोज देने का प्रबंध किया। उसने भोज में देशी घी से पकवान बनवाए। जब अछूत भाई भोजन कर ही रहे थे कि सैंकड़ों हिंदू लोग लाठियां लेकर वहां आ धमके। उन्होंने सारा भोजन खराब कर दिया और अछूतों को मारा पीटा। वे बेचारे अपनी जान बचाकर भागे। इन निहत्थे अछूतों पर यह घातक हमला (murderous assault) क्यों किया? अखबार में छपी रिपोर्ट ने इसका कारण बताया कि दावत देने वाले अछूत ने देशी घी खिलाने की हिम्मत कर दी। और उसके मेहमानों ने अछूत होकर भी घी खाने की मूखर्ता कर दी थी। देशी घी अमीरों के लिए विलास (luxury) की चीज है लेकिन यह कोई यह नहीं सोचेगा कि घी का उपयोग सामाजिक हैसियत का भी प्रतीक है। चकवाड़ा के सवर्ण हिंदुओं को यह सहन नहीं हुआ और सबक सिखाने के गुस्से में उन अछूतों को उनकी गलती का बदला लिया, जिन्होंने घी के व्यंजन परोस कर सवर्णो का अपमान किया। उन अछूतों को यह समझना चाहिए था कि घी उनका भोजन नहीं है बल्कि सवर्ण हिंदुओं की प्रतिष्ठा से जुड़ी हुई खाद्य चीज (high social status) है। इसका मतलब यह है कि एक अछूत को घी का इस्तेमाल नहीं करना चाहिए, भले ही वह इसे खरीदने में समर्थ हो। यह घटना 1 अप्रैल 1936 या उसके आसपास की है।

अब मैं सामाजिक सुधार के मामले के बारे में कुछ कहना चाहूंगा। ऐसा करने में जहां तक संभव होगा मा. बनर्जी का ही अनुसरण करूंगा और मैं राजनीतिक विचारों वाले हिंदुओं से पूछना चाहूंगा कि "क्या आप उन हालातों में राजनीतिक सत्ता के काबिल (fit for political power) है? जबकि आप अपने ही देशवासियों के अछूतों जैसे एक बड़े तबके को सार्वजनिक कुओं का उपयोग करने से रोकते है? क्या आप राजनीतिक सत्ता के योग्य है, चाहे आप उन्हें सार्वजनिक सड़कों का प्रयोग करने नहीं देते? क्या आप उस हालत में भी राजनीतिक सत्ता के योग्य है जबकि उन्हें उनकी पसंद के कपड़ें या गहनें नहीं पहनने देते? क्या आप तब भी

राजनीतिक सत्ता के योग्य है जबकि आप उन्हें उनकी पसंद का खाना तक नहीं खाने देते? ”

मैं इस तरह के सवालों का ढेर लगा सकता हूं लेकिन यहां इतने ही काफी है। मैं हैरान हूं कि मा. बनर्जी का इन सवालों का क्या जवाब देते। मुझे विश्वास है कि कोई समझदार इंसान इन सवालों का जवाब 'हां' देने की हिम्मत नहीं करेगा। लेकिन हर एक कांग्रेसी को, जो दार्शनिक मिल के सिद्धांत को दोहराता है कि “एक देश को दूसरे देश पर शासन करने का अधिकार नहीं हैं। उसको यह भी मानना पड़ेगा कि एक वर्ग दूसरे वर्ग पर शासन करने के लायक नहीं है।”

फिर सामाजिक सुधार पार्टी इस लड़ाई में कैसे हार गई? इसको ठीक से समझने के लिए हमें इस बात पर ध्यान देने की जरूरत है कि उस समय समाज सुधारक लोग इस प्रकार के सामाजिक सुधार के लिए आंदोलन कर रहे थे। यहां यह बता देना जरूरी है कि सामाजिक सुधार के दो अर्थ है। एक तो हिंदू परिवार का सुधार और दूसरा हिंदू समाज के ढांचे का सुधार कर पुनर्गठन (reorganization) तथा पुनर्निर्माण (reconstruction) करना। इनमें से पहले का सम्बन्ध विधवा विवाह, बाल विवाह आदि से है जबकि दूसरे का सम्बन्ध जाति प्रथा के विनाश से है। सोशल कॉन्फ्रेंस एक ऐसी संस्था थी जिसने अपना सम्बन्ध अधिकतर उच्च वर्ण के हिंदू परिवार के सुधार के साथ ही रखा था। इसमें अधिकतर ऊंचे वर्णों के शिक्षित जातियों के ही हिंदू थे। जिन्हें जाति व वर्णभेद को मिटाने के लिए आंदोलन करने की जरूरत का एहसास नहीं होता था तथा जिनमें आंदोलन करने की हिम्मत भी नहीं थी। उनका सवर्णो में विधवा विवाह या बाल विवाह जैसी बुराईयों को दूर करने की अधिक जरूरत मालूम होती थी। क्योंकि ये कुप्रथाएं उनमें प्रचलित थी और उनको दुख दे रही थी। वे पूरे हिंदू समाज में सुधार की कोशिश नहीं थे। और उनके परिवारों के सुधार के सवाल पर ही सारा ध्यान दे रहे थे। जात-पांत को तोड़ने के अर्थो वाले समाज सुधार से उनका कोई सम्बन्ध नहीं था। समाज सुधारकों ने इस मुद्दे को कभी नहीं उठाया। इसी कारण सामाजिक सुधार पार्टी खत्म हो गई।

जानता हूं कि यह दलील इस सच्चाई को नहीं बदल सकती कि राजनीतिक सुधार (political reform) सचमुच सामाजिक सुधार (social reform) को पीछे धकेल कर आगे आ गया। लेकिन इस दलील से अधिक नहीं तो कम से कम यह लाभ तो है जो यह स्पष्ट कर देता है कि सामाजिक सुधार दल क्यों हार गया? यह हमें इस बात को समझने में मदद करती है कि जो जीत राजनीतिक सुधार पार्टी ने सामाजिक सुधार पार्टी पर हासिल की है, और यह मान्यता कि राजनीतिक सुधार से पहले सामाजिक सुधार की जरूरत नहीं है। यह एक ऐसा मत है जो तभी टिका रह सकता है जब सामाजिक सुधार का अर्थ परिवार के सुधार तक सीमित हो। समाज के पुनर्निमाण के अर्थों में सामाजिक सुधार से पहले राजनीतिक सुधार संभव नहीं, इस बात को नकारना मुश्किल है। साम्यवाद के जन्मदाता कार्ल मार्क्स के मित्र और सहकारी फर्डिनेण्ड लैसले जैसे विचारक को भी कहना पड़ा है कि राजनीतिक संविधान बनाने वालों को सामाजिक

सच्चाई और शक्तियों (forces) को जरूर ध्यान में रखना चाहिए। सन् 1862 में जर्मन श्रोताओं को सम्बोधित करते हुए लैसले ने कहा था, "संवैधानिक सवाल मौलिक रूप से अधिकारों (right) के सवाल नहीं है बल्कि सत्ता (might) के सवाल है? किसी देश के वास्तविक संविधान की नींव केवल उसकी शक्तिशाली दशा पर होती है जो उस देश में मौजूद हो। इसलिए राजनीतिक संविधान का महत्व (value) और स्थिरता (permanance) तभी होती है जब वे समाज में पाई जाने वाली मान्यताओं व शक्तियों की ठीक प्रकार से व्याख्या करते है।"

लेकिन गवाही के लिए प्रशिया (जर्मनी) जाने की जरूरत नहीं है। हमें देश में ही इसके उदाहरण मिल जाएंगे। इस सांप्रदायिक बंटवारे (कम्यूनल अवार्ड) का क्या अर्थ है जिनसे राजनीतिक शक्ति या अधिकारों को विभिन्न वर्गों (classes) व समाजों (communities) में एक खास अनुपात में बांट दिया जाता है? मेरी राय में इसका अर्थ यही है कि राजनीतिक शासन पद्धति (political constitution) को सामाजिक बनावट (social organisation) व ताने-बाने का ध्यान जरूर रखना होगा। यह बंटवारा दिखलाता है कि जिन राजनीतिज्ञों ने इस बात को मानने से इंकार दिया था कि भारत में सामाजिक समस्या का राजनीतिक समस्या से गहरा संबंध है, उन्हें संविधान तैयार करते समय सामाजिक समस्याओं को मान्यता देने पर मजबूर होना पड़ा। ऐसा कह सकते है कि कम्यूनल अवार्ड सामाजिक सुधार के प्रति उपेक्षा और उसके प्रति उदासीनता दिखाने की सजा है। यह सामाजिक सुधार पार्टी की जीत है जो यह बताती है कि हालांकि वे हार गये थे लेकिन उनका सामाजिक सुधार के महत्व पर जोर देना बहुत जरूरी व ठीक ही था। मैं जानता हूं कि कई महानुभाव मेरे इस विचार से सहमत नहीं होंगे। यह विचार लोगों में फैल रहा है और इसे मान लेने में सुख व प्रसन्नता की अनुभूति होती है कि कम्यूनल अवार्ड का अस्वभाविक है और अछूतों सहित अन्य अल्पसंख्यकों और अफसरी नौकरशाही के बीच एक अपवित्र गठजोड़ का परिणाम है। यदि आप कहे कि कम्यूनल अवार्ड कोई अच्छा परिणाम नहीं तो मैं अपनी बात को सही ठैराने के लिए प्रमाण के रूप में कम्यूनल अवार्ड का सहारा नहीं लेना चाहता। अब जरा आयरलैंड का उदाहरण देखे। आयरलैंड के होम रूल का इतिहास क्या दिखलाता है? यह सभी जानते है कि अल्स्टर के और साउथ आयरलैंड के प्रतिनिधियों के बीच जिस समय समझौते की बात चल रही थी उस समय वहां के प्रतिनिधि रेडमंड ने पूरे आयरलैंड के लिए एक समान होम रूल शासन पद्धति में अल्स्टर मिलाने के उद्देश्य से उसके प्रतिनिधियों से कहा था," जो भी राजनीतिक सुरक्षा आपको पसंद है, उन्हें मांग लो। वे सब आपको दी जाएगी।

अल्स्टर वालों ने क्या जवाब दिया उनका जवाब था कि, "भाड़ में जाए आपकी सुरक्षा, हम किसी भी शर्त पर तुम्हारे शासन के अधीन नहीं रहना चाहते हैं।" जो लोग भारत में अल्पसंख्यकों को दोष देते है उन्हें विचार करना चाहिए कि यदि अल्पसंख्यकों ने यहां भी

वहीं ढंग अपनाया होता जो अल्स्टर ने अपनाया था तो बहुसंख्यकों की राजनीतिक इच्छाओं की क्या दशा होती? आयरिश होम रूल की तरफ से अल्स्टर के व्यवहार को मुख्य रखते हुए यह भी बिल्कुल साधारण बात है कि भारत के अल्पसंख्यकों ने उन बहुसंख्यकों, जिसने बहुत राजनीतिक समझदारी का सबूत नहीं दिया, उनके शासन में अधीनता को इस शर्त पर स्वीकार कर लिया है कि उनके लिए कुछ सुरक्षा का फैसला कर लिया जाए। खैर, यह तो एक इत्तफाक की बात थी खास मुद्दा तो यह है कि अल्स्टर ने ऐसा व्यवहार क्यों किया, जो उत्तर मैं दे सकता हूं वह केवल यह है कि साउथ आयरलैंड व अल्स्टर के बीच सामाजिक समस्या थी अर्थात रोमन कैथोलिक और प्रोटेस्टेंट लोगों के बीच एक सामाजिक व जातीय समस्या थी। यह असल में एक जातीय समस्या थी। अल्स्टर के लोगों ने अपना उत्तर इस ढंग से तैयार किया था कि आयरलैंड का होम रूल (आजादी) रोम का रूल (जुल्म) होगा। यह केवल एक ही बात का दूसरा ढंग है लेकिन कैथोलिक और प्रोटेस्टेंट लोगों के बीच जाति-पांति की सामाजिक समस्या थी जो राजनीतिक समस्या को सुलझने नहीं देती थी। इस प्रमाण की सच्चाई पर भी जरूर शंका की जाएगी और यह कहा जाएगा कि यहां भी साम्राज्यवादियों (imperialist) का दिमाग काम कर रहा था। लेकिन मेरे प्रमाणों का खजाना भी खाली नहीं हुआ है।

मैं रोम के इतिहास से प्रमाण देना चाहता हूं। यह कोई नहीं कह सकता कि वहां कोई शैतानी शक्ति (evil genius) काम कर रही थी। जिस किसी ने रोम के इतिहास को पढ़ा है वह जानता है कि रोम के लोकतांत्रिक शासन पद्धति में भी सांप्रदायिक बंटवारे जैसे ही चिन्ह मौजूद थे। जब रोम में राजा का पद खत्म कर दिया तो राजा का अधिकार यानी इम्पीरियम अर्थात राजशाही शक्ति को 'कौंसल' और 'पौंटीफैक्स मैक्सीमस' (Pontifex Maximus) में बांट दिया गया। कौंसलों को राजा का धर्मनिरपेक्ष लौकिक अधिकार सौंप दिया गया और शाही धार्मिक शक्ति 'पौंटीफैक्स मैक्सीमस' ने संभाल ली। अर्थात राजा को धार्मिक अधिकार सौंप दिये गए। इस बात प्रजा तंत्र शासन पद्धति ने यह नियम बनाया था कि दो कौंसलों में से एक 'पेट्रिसियन' (patrician) और दूसरा 'प्लेबियन' (plabian)। उसी संविधान में यह भी लिखा था कि पौंटीफैक्स मैक्सीमस के अधीन पुरोहित लोगों मे से आधे प्लेबियन हो गए और आधे पेट्रिसियन। रोम के लोकतंत्र के संविधान में यह शर्ते जिनको मैंने सांप्रदायिक निर्णय (कम्यूनल अवार्ड) की शर्तों से मिलती जुलती शक्ल वाली कहा है, क्यों दी गई थी? क्योंकि ये लोग दो अलग-अलग जातियाँ या वर्ण, प्लेबियन और पेट्रिसियन में बंटे हुए थे। रोम के लोकतंत्र संविधान को समाज के इन दो भागों के विभाजन को पूरी तरह से ध्यान में रखना पड़ा। सारांश यह है कि राजनीतिक सुधारक चाहे किसी भी दिशा की ओर जुड़ना चाहे, वे पाएंगे कि किसी भी शासन पद्धति के निर्माण में वे वहां की प्रचलित सामाजिक व्यवस्था से उत्पन्न होने वाली समस्याओं को नजरअंदाज नहीं कर सकते।

अपनी इस सच्चाई के समर्थन में कि सामाजिक व धार्मिक समस्याओं का राजनीतिक संविधानों पर प्रभाव पड़ता है और गहरा सम्बन्ध है, मैंने इसके पक्ष में जो उदाहरण दिए है वो बहुत विशेष है। लेकिन यह नहीं मान लेना चाहिए कि एक का दूसरे के साथ सीमित संबंध है। इसके विपरीत हम यह कह सकते है कि इतिहास में सामाजिक और धार्मिक क्रांतियों के बाद ही राजनीतिक क्रांतियां हुई है। मार्टिन लूथर द्वारा शुरू किया गया धार्मिक सुधार यूरोप के लोगों की राजनीतिक आजादी का अग्रदूत (precursor) था। इंग्लैंड में नैतिकतावाद (puritanisn) के लिए सुधार राजनीतिक आजादी का कारण बने। उनके कारण अमेरिका आजादी का युद्ध जीत गया। प्यूरिटेनिज्म ने नये संसार की नींव रखी। प्यूरिटेनिज्म ने ही अमेरिका की आजादी का युद्ध जीता। यह एक धार्मिक आंदोलन था। यही बात मुस्लिम साम्राज्य के मामले में भी सत्य है। अरब देशों के लोग राजनीतिक शक्ति बनने से पहले हजरत मोहम्मद साहब उनमें एक पूर्ण धार्मिक क्रांति पैदा कर चुके थे। भारतीय इतिहास भी इस प्रमाण का समर्थन करता है। चन्द्रगुप्त मौर्य की चलाई राजनीतिक क्रांति से बहुत पहले भगवान बुद्ध धार्मिक और सामाजिक क्रांति पैदा कर चुके थे। महाराष्ट्र के साधु महात्माओं द्वारा सामाजिक और धार्मिक सुधार के बाद ही शिवाजी राजनीतिक क्रांति ला सके थे। सिखों की राजनीतिक क्रांति से पहले गुरु नानक सामाजिक व धार्मिक क्रांति पैदा कर चुके थे। इससे और अधिक उदाहरण देने की अब जरूरत नहीं है। यह प्रमाणित करने के लिए इतने ही उदाहरण काफी है कि किसी समाज के राजनीतिक विकास के लिए लोगों के विचारों, मन व बुद्धि की शुद्धि (emancipation of mind and soul) तथा मन की आजादी बहुत जरूरी है।

3.

समाजवाद बनाम सामाजिक न्याय

अब मैं थोड़ी चर्चा सामाजवादियों (socialists) की भी करना चाहता हूं। क्या समाजवादी लोग सामाजिक व्यवस्था से पैदा हुई कई समस्याओं को नजरअंदाज कर सकते है? भारत के समाजवादी यूरोप के अपने साथियों का अनुसरण करते हुए भारत की सामाजिक असलियत को ध्यान में रखकर इतिहास की आर्थिक व्याख्या लागू करने की कोशिश कर रहे है। उनकी मान्यता है कि व्यक्ति एक आर्थिक प्राणी है उसके काम और इच्छाएं आर्थिक तत्वों से बंधी हुई है और सत्ता यानी शक्ति का एक मात्र साधन केवल जायदाद (property) ही है। इसलिए वे बार-बार कहते हैं कि राजनीतिक और सामाजिक सुधार बहुत बड़ा भ्रम और धोखा है और सम्पति की बराबरी करने वाला आर्थिक सुधार दूसरे हर प्रकार के सुधारों से पहले होना चाहिए। कोई भी व्यक्ति इस बात से संतुष्ट हो सकता है कि आर्थिक उद्देश्य ही केवल वे उद्देश्य नहीं हो सकते जिनसे व्यक्ति कार्यशील होता है। मानव समाज का कोई भी विद्यार्थी यह नहीं मान सकता कि आर्थिक ताकत (economic power) ही एक मात्र ताकत है। सच्चाई यह है कि व्यक्ति का सामाजिक स्तर (social status) भी अक्सर ताकत का आधार बनता है कि क्योंकि सामाजिक दर्जे के आधार पर ही महापुरूषों ने सामान्य लोगों पर ही अपनी सत्ता कायम की है। यदि ऐसा नहीं होता तो भारत में दौलत वाले अमीर लोग भी साधु और फकीरों के अनुयायी नहीं बनते जिन्हें धन से कोई मतलब नहीं रहता है। क्यों भारत में लाखों गरीब लोग अपनी मामूली कीमत के साधारण गहनों को बेचकर भी बनारस या मक्का की यात्रा क्यों करते है? भारत का इतिहास इस बात की मिसाल पेश करता है कि धर्म सत्ता का स्त्रोत यानी ताकत का साधन रहा है। जहां साधु सन्तों व पुरोहितों का आम लोगों पर हमेशा दबदबा व प्रभुत्व रहा है। कई बार तो यह एक मजिस्ट्रेट से अधिक होता है। भारत में हर एक बात यहां तक कि हड़तालें व चुनाव भी बहुत आसानी से धार्मिक स्वरूप में मोड़ दिए जाते है और बहुत आसानी से धार्मिक रंग दे देते है।

किसी व्यक्ति पर धर्म की ताकत का उदाहरण रोम के सामान्य लोगों के मामले में भी दिया जा सकता है। वहां के प्लेबियन लोगों ने लोकतंत्र के तहत सर्वोच्च कार्यकारिणी में अपने हिस्से के लिए संघर्ष किया और अपने एक प्लेबियन लोगों की असेम्बली 'कोमिटिया सेंचूरियाटा' कौंसल (प्रतिनिधि) को नियुक्त करवाया जिसका चयन एक अलग निर्वाचन संस्था द्वारा किया गया जो कि रोम के मूल निवासियों की अलग सत्ता थी। उन्होंने अपना अलग प्रतिनिधि इसलिए

चाहा क्योंकि उन्होंने महसूस किया कि प्रशासन चलाने में विशिष्ट लोगों के पेट्रिसियन कौंसल (consul) के प्रतिनिधि उनके साथ भेदभाव बरतते है। इससे उन्हें बहुत बड़ा लाभ हुआ क्योंकि रोम के लोकतांत्रिक संविधान में एक प्रतिनिधि को दूसरे प्रतिनिधि के काम को वीटो करने का अधिकार है। लेकिन क्या हकीकत में उन्हें अधिकार मिला? जवाब है 'नहीं' रोम के प्लेबियन कभी भी अपना ऐसा प्लेबियन प्रतिनिधि नहीं ढूंढ सके जो एक शक्तिशाली व्यक्ति हो और जो एक विशिष्ट प्रतिनिधि से स्वतंत्र रूप से काम कर सके। सामान्य तौर पर सामान्य जनता को अपने लिए काफी मजबूत प्रतिनिधि मिलना चाहिए था क्योंकि उसका चुनाव सामान्य लोगों की अलग से तय निर्वाचन सूची द्वारा होता था। सवाल यह है कि वे अपना एक मजबूत प्रतिनिधि क्यों नहीं चुन सके जो उनका प्रतिनिधि होता। इसका उत्तर इस सच्चाई में है कि धर्म किसी व्यक्ति के दिमाग पर किस तरह शासन करता है। पूरे रोमन समाज में यह स्वीकृत प्रथा थी कि कोई भी सरकारी अधिकारी तब तक अपने ऑफिस का काम शुरू नहीं कर सकता था जब तक कि कोई पुरोहित या धर्मगुरु यह नहीं कह देता था कि वह डेल्फा देवी को स्वीकार है। देवी के मंदिर का मुख्य पुजारी विशिष्ट वर्ग का होता था। वे सब पेट्रिसियन लोग ही थे इसलिए जब भी सामान्य वर्ग से कोई ऐसा प्रतिनिधि चुना जाता था तो विशिष्ट वर्ग का सख्त विरोधी होता था। यह जैसा कि भारत में प्रचलित शब्दों के अनुसार सांप्रदायिक (communal) होता था, तो डेल्फा देवी का अवतार, विशिष्ट वर्ग बेहिचक ये घोषणा कर देता था कि वह देवी को मंजूर नहीं है।

इस प्रकार रोम के मूल प्लेबियन लोगों को धोखे से अपने अधिकारों से वंचित रखा गया लेकिन ध्यान देने वाली बात यह है कि प्लेबियन लोगों ने भी अपने आप को धोखा दिया जाने की आज्ञा इसलिए दी यानी स्वयं के साथ धोखाधड़ी होने दी क्योंकि विशिष्ट वर्ग के पेट्रिसियन लोगों की तरह उनका भी यह दृढ़ विश्वास था कि किसी सरकारी अधिकारी को अपने पद का कामकाज शुरू करने से पहले डेल्फा देवी की मंजूरी प्राप्त करना बहुत जरूरी है, लोगों द्वारा सिर्फ चुना जाना ही काफी नहीं है। यदि सामान्य प्लेबियन लोगों ने यह मांग की होती कि चुनाव ही पर्याप्त है और देवी की मंजूरी जरूरी नहीं है तो वे उस राजनीतिक अधिकार का पूरा लाभ उठा सकते थे जो उन्होंने हासिल किया था। लेकिन उन्होंने ऐसा नहीं किया था उन्होंने कोई दूसरा व्यक्ति चुनना मंजूर कर लिया जो उनके लिए कम स्वीकार्य जबकि डेल्फा देवी के लिए अधिक स्वीकार्य व लाभदायक होता था जिसका असल में अर्थ था कि वे पेट्रिसियन लोगों के अधिक आज्ञाकारी व उनका पसंद का ज्यादा ख्याल रखा। धर्म छोड़ने की बजाय सामान्य लोगों ने अपने उन भौतिक लाभों (material gain) को भी छोड़ दिया जिसके लिए उन्होंने कड़ा संघर्ष किया था। क्या इससे यह साबित नहीं होता कि धर्म यदि धन से अधिक शक्तिशाली नहीं है तो कम से कम उसके बराबर शक्तिशाली तो जरूर है। समाजवादी लोग यह मान लेने की गलती करते है कि चूंकि यूरोप के समाज के वर्तमान दौर में आर्थिक शक्ति यानी सम्पति, सत्ता का एक प्रमुख स्त्रोत

या साधन है। इसलिए यह भारत के संदर्भ में भी सही है और गुजरे समय में यूरोप के लिए भी यही सत्य था। धर्म, सामाजिक दर्जा तथा सम्पति (religion, social status and property) यह सभी ताकत और सत्ता के साधन है जिन्हें दूसरे की आजादी को काबू करने के लिए कोई भी व्यक्ति अपने पास रखता है। इनमें कोई एक समय तो दूसरा दूसरे समय प्रभावकारी होता है। सच यह है कि यदि आजादी आदर्श है और आजादी का मतलब उस प्रभुत्व के विनाश है जो कोई दूसरे व्यक्ति पर कायम रखता है तो इस पर जोर नहीं दिया जा सकता है कि आर्थिक सुधार एक ऐसा सुधार है जो अनुसरण करने योग्य है। यदि किसी समय या किसी समाज में सत्ता व शक्ति का साधन सामाजिक और धार्मिक हो तो सामाजिक और धार्मिक सुधार को एक जरूरी सुधार के रूप में स्वीकार्य किया जाना चाहिए।

इस प्रकार भारत के समाजवादियों द्वारा अपनाए गए इतिहास की आर्थिक व्याख्या के सिद्धांतों में दोष निकाल कर आलोचना की जा सकती है। लेकिन मेरी मान्यता है कि समाजवादियों का यह दावा कि सम्पति का समानीकरण या बराबर बंटवारा ही असली सुधार है और यह अन्य सभी सुधारों से पहले होना चाहिए। फिर भी जो मैं समाजवादियों से पूछना चाहता हूं कि क्या आप पहले सामाजिक ढांचे में बदलाव व सुधार लाए बिना आर्थिक सुधार कर सकते है? ऐसा लगता है कि भारत के समाजवादियों ने इस सवाल की ओर कभी ध्यान ही नहीं दिया। मैं नहीं चाहता कि वे अन्याय करें। मैं एक पत्र के अंश का हवाला दे रहा हूं जिसे एक प्रमुख समाजवादी ने कुछ दिन पहले मेरे एक मित्र को लिखा था। इस पत्र में उसने लिखा था-

"मेरा यह विश्वास है कि हम लोग तब तक भारत में एक स्वतंत्र समाज तैयार नहीं कर सकते है जब तक एक वर्ग विशेष द्वारा दूसरे वर्ग का शोषण, दमन (suppression) या उसके साथ दुर्व्यहार जारी रहता है। समाजवादी आदर्शों में विश्वास रखते हुए मेरा यह पक्का विश्वास है कि समाज के विभिन्न वर्गों और समूहों में आपसी व्यवहार की बराबरी होनी चाहिए। मेरा विचार है कि यह समस्या और समस्याओं का केवल एक समाजवाद ही सही हल है। इस मान्यता को पर्याप्त कहना उस समझदारी के प्रति पूरी तरह से नासमझी होगी जो समाज में निहित है। यदि समाजवाद एक व्यवहारिक कार्यक्रम है और सिर्फ दूसरे का आदर्श नहीं है तो समाजवादियों के लिए यह सवाल नहीं रह जाता है कि वे समाज में बराबरी में विश्वास करते है या नहीं। उसके लिए सवाल यह होता है कि क्या वह एक वर्ग द्वारा दूसरे वर्ग के साथ दुर्व्यहार या शोषण-दमन को सामाजिक व्यवस्था का अंग मानता है या नहीं। मैं उन कारणों को स्पष्ट करना चाहूंगा, जो मुझे अपनी बातें पूरी तरह से स्पष्ट करने के लिए समाजवाद की समझ से संबंध रखते है। यह बात साफ है कि समाजवादियों द्वारा सोचा गया आर्थिक सुधार (economic reform) तब तक संभव नहीं है जब तक क्रांति के द्वारा सत्ता पर कब्जा (seizure of power) नहीं कर लिया जाता। सत्ता पर यह कब्जा गरीब सर्वहारा वर्ग द्वारा किया जाना चाहिए।"

पहला सवाल यह पूछता हूं कि भारत के गरीब, मेहनतकश सर्वहारा (proletariat) एकजुट होंगे ताकि यह क्रांति की जा सके। वह क्या कारण हो सकता है जो लोगों को इसके लिए प्रेरित करेगा। मुझे ऐसा लगता है कि बाकी सभी बातें यदि एक जैसी हो तो केवल एक ही बात ऐसी है जो किसी व्यक्ति को क्रांति के लिए प्रेरित कर सकती है और वह है इस बात का एहसास कि दूसरे व्यक्ति जो इस काम में उसके साथी है उसमें बराबरी व भाईचारे (equality and fraternity) की भावनाएं और सबसे अधिक न्याय (justice) की भावना पैदा हो। लोग सम्पति की बराबरी करनी वाली किसी भी क्रांति में तब तक शामिल नहीं होंगे जब तक उनको यह विश्वास नहीं होगा कि क्रांति सफल हो जाने के बाद उनके साथ बराबरी का व्यवहार होगा और जाति, वंश या नस्ल (cast or creed) के आधार पर कोई भेदभाव व उत्पीड़न नहीं किया जाएगा। मुझे आशा है कि क्रांति का नेतृत्व करने वाले एक समाजवादी का यह भरोसा दिलाना ही काफी नहीं होगा कि वह जाति-पांति में विश्वास नहीं रखता। यह भरोसा दिलाना ऐसा होना चाहिए कि इससे बुनियाद और गहरी होनी चाहिए। खासतौर से वह यह है कि एक देश के सभी लोगों के बीच बराबरी और भाईचारे की भावना मानसिक स्तर पर हो। क्या यह कहा जा सकता है कि भारत का गरीब, मेहनतकश सर्वहारा वर्ग होते हुए भी गरीब, अमीर और गरीब के अलावा किसी अन्य भेदभाव को नहीं मानता है? क्या कहा जा सकता है कि गरीब लोग जाति, नस्ल, वंश या ऊंच-नीच के भेदभाव को नहीं मानते? यदि यह सच है कि वे ऐसा भेदभाव मानते है तो अमीरों के खिलाफ संघर्ष में ऐसे गरीब सर्वहारा लोगों से किसी भी मोर्चे पर एकता की क्या उम्मीद की जा सकती है? कोई क्रांति कैसे हो सकती है जब तक सर्वहारा एक संयुक्त मोर्चा नहीं बना सकते? केवल विचार के लिए यह मान भी लिया जाए कि संयोग से किसी चमत्कार के कारण यदि क्रांति हो भी जाए और समाजवादी सत्ता में भी आ जाए तो क्या उन्हें भारत में उन समस्याओं से जुझना पड़ेगा जो विशेष सामाजिक व्यवस्था के कारण भारत में पहले से मौजूद है।

मैं नहीं समझता कि भारत में एक समाजवादी सरकार जात-पांत, ऊंच-नीच व अन्य रूढ़ियों व संकीर्णताओं से पैदा हुई समस्याओं पर काबू पाए बिना एक पल भी चल सकती है। यदि समाजवादी कुछ आकर्षक नारे लगाकर या कार्यक्रम बताकर संतुष्ट नहीं होना चाहते और यदि वे समाजवाद को एक ठोस व वास्तविक बनाना चाहते हैं तो उनको यह मानना पड़ेगा कि सामाजिक सुधार ही असली सुधार है और यही समाज की बुनियादी (fundamental) जरूरत है और यह भी कि उनके लिए इन समस्याओं से भागने का कोई रास्ता नहीं है। भारत में पहले से मौजूद सामाजिक व्यवस्था के कारण पैदा हुई विकृतियों से समाजवादियों को निपटना ही पड़ेगा और जब तक वे ऐसा नहीं करते तब तक वे अपना लक्ष्य प्राप्त करने में सफल नहीं हो सकते। यदि किस्मत से वे अपना लक्ष्य प्राप्त कर भी लेते है तो उन्हें अपने उद्देश्यों को प्राप्त करने के लिए इन समस्याओं से छुटकारा पाना ही पड़ेगा।

मेरी दृढ़ मान्यता है कि यदि क्रांति से पहले वे ध्यान नहीं देते तो क्रांति के बाद जाति पर ध्यान देने के लिए वे मजबूर हो जाएंगे। दूसरे हम यूं कह सकते है कि आप जिस तरफ भी चाहे घूमकर देखो, जिस दिशा में भी जाओं, जाति एक ऐसा राक्षस (monster) है जो अपने मार्ग में हमेशा खड़ा नजर आएगा। जब तक आप इस राक्षस को मौत के घाट नहीं उतार देते तब तक आप कोई राजनीतिक या आर्थिक सुधार नहीं कर सकते है।

❍

4.

श्रम विभाजन और जाति-प्रथा

यह विडम्बना की ही बात है कि इस आधुनिक युग में भी जात-पांत के पक्ष में दलीलें पेश करने वालों की कमी नहीं है। इसके समर्थक कई आधारों पर इसका समर्थन करते हैं। इनका कहना है कि जाति-प्रथा केवल मेहनत के विभाजन का दूसरा नाम है। यह भी दलील दी जाती है कि श्रम का विभाजन हर एक सभ्य समाज के लिए जरूरी है तो जाति प्रथा में भी कोई बुरी बात नहीं है। इस दृष्टिकोण का जोरदार विरोध करने के लिए पहली बात यह है कि जाति प्रथा केवल श्रम का विभाजन (division of labour) ही नहीं है बल्कि यह श्रम करने वाले श्रमिकों का विभाजन (division of labourers) है। यह सही है कि आधुनिक सभ्य समाज में श्रम विभाजन की जरूरत है लेकिन किसी भी सभ्य समाज में मेहनत के विभाजन के साथ अलग-अलग वर्गों में मेहनत करने वालों का गैर- कुदरती (unnatural division) विभाजन नहीं होता। भारत की जाति प्रथा में केवल मेहनत के विभाजन से बिल्कुल अलग तरह का मेहनत करने वालों का विभाजन ही नहीं है बल्कि यह विभाजित विभिन्न वर्गों को एक-दूसरे की अपेक्षा ऊंच-नीच की भावना पैदा करती है जो दुनिया के किसी भी समाज में नहीं पाई जाती है। किसी अन्य देश में मेहनत के साथ-साथ मेहनतकशों में इस प्रकार का क्रम या विभाजन नहीं है।

जाति प्रथा को यदि श्रम विभाजन मान लिया जाए तो यह स्वभाविक (spontaneous) व अपनी इच्छा से विभाजन नहीं है क्योंकि यह व्यक्ति की रूचि पर आधारित नहीं है, कुदरती लगाव तथा काबिलियत पर भी आधारित नहीं है। किसी समाज में सामाजिक व व्यक्तिगत कुशलता के लिए यह जरूरी है कि किसी भी व्यक्ति की योग्यता को व समता को इस सीमा तक विकसित किया जाए कि वह अपना पेशा खुद चुनने और उसको रोजगार के रूप में धारण करने के योग्य बना दिया जाए। जाति प्रथा में इस नियम को तोड़ दिया गया है क्योंकि इस प्रथा में हर व्यक्ति के लिए पेशा जन्म के पहले से ही तय कर दिया जाता है। इसमें ट्रेनिंग या माहौल द्वारा प्राप्त की गई कुदरती योग्यता व कुशलता के आधार पर नहीं बल्कि माता-पिता के सामाजिक दर्जे के आधार पर पेशों का निर्धारण किया जाता है।

जाति प्रथा किसी व्यक्ति के पेशे का दोषपूर्ण जन्म से पूर्व निर्धारण ही नहीं करती बल्कि मनुष्य को जीवन भर के लिए एक ही पेशे से बांध देती है और व्यक्ति के चाहने के बाद भी पेशा बदलने की आजादी नहीं होती है। ऐसी आजादी के लिए उसके लिए अपने आप को मदद की

परिस्थितियों के अनुसार ढालना और रोजगार हासिल करना असंभव होगा। जाति प्रथा हिंदुओं को ऐसे धंधे अपनाने की आज्ञा नहीं देता जो उन्हें विरासत (heredity) में नहीं मिले लेकिन बदली परिस्थितियों में वे करना चाहते है। यदि एक हिंदू जिसकी जाति के लिए निर्धारित धंधा है, उससे हटकर अन्य धंधा नहीं कर सकता, भले ही वह धन की कमी के कारण भूखा मर जाए। जातिगत धंधों से अलग धंधों की आज्ञा न मिलने के कारण ही देश में बेरोजगारी की समस्या विकराल हो जाती है।

जाति प्रथा श्रम के विभाजन के रूप में एक गंभीर दोष भी है। जाति प्रथा द्वारा उत्पन्न मेहनत का विभाजन व्यक्ति की इच्छा पर आधारित विभाजन नहीं है। व्यक्ति की भावना और रूचि का इसमें कोई स्थान नहीं है। 'सब कुछ पहले से ही तय' का सिद्धांत (dogma of predestination) ही इसका आधार है। इस आधार पर हमें यह स्वीकार करना पड़ेगा कि आज के उद्योगों में गरीबी और उत्पीड़न इतनी बड़ी समस्या नहीं है जितनी यह कि बहुत से लोग जाति प्रथा के कारण निर्धारित कार्य को अरूचि के साथ केवल मजबूरी के कारण करते है। वे उन पेशों के प्रति कोई रूचि नहीं (ill will) रखते है। ऐसा धंधा कर्मचारियों में लगातार कामचोरी, उबाऊपन व घृणा (aversion) की भावना पैदा करता है। भारत में ऐसे कई व्यवसाय या उद्योग है जिन्हें हिंदू धर्म घृणित या हेय (degraded) मानता है। इसलिए जो लोग ऐसे व्यवसायों में काम करते है वे उनसे पीछा छुड़ाने के लिए हर वक्त तैयार रहते है और ऐसे हेय व्यवसायों से भागना चाहता है। ऐसी स्थिति में, जहां काम करने वालों का न मन लगता हो, न दिमाग, भला ऐसे माहौल में कुशलता व योग्यता कैसे प्राप्त की जा सकती है? इसलिए एक आर्थिक व्यवस्था के रूप में जाति प्रथा बहुत हानिकारक प्रथा है। क्योंकि यह व्यक्ति की स्वभाविक रूचि और मन की इच्छाओं को दबा कर उन्हें सामाजिक नियमों में जकड़कर निष्क्रिय बना देती है।

5.

वंश और रक्त का सुधार व जाति प्रथा

जाति प्रथा के पक्ष में कुछ लोगों ने जीव विज्ञान का स्वरूप देकर सही साबित करने की कोशिश की है। उनका कहना है कि जाति प्रथा के द्वारा वंश और रक्त की शुद्धता (purity of race and purity of blood) की रक्षा होती है। इस संबध में एथनोलोजिस्ट वैज्ञानिकों की राय है कि शुद्ध रक्त या शुद्ध प्रजाति के लोग अब दुनिया में कहीं भी मौजूद नहीं है और सब भागों में सभी जातियों ने मिश्रण या मिलावट हो चुकी है। भारत के लोगों के संबंध में तो यह विशेष तौर से सही है। मा. डी.आर. भंडारकर ने अपने लेख 'हिंदू आबादी में विदेशी तत्व' (foreign elements in hindu population) में लिखा है, "भारत में मुश्किल से कोई जाति या वर्ग ऐसे होंगे जिनमें विदेशी मिलावट (admixture) नहीं हो। विदेशी रक्त की यह मिलावट केवल राजपूत व मराठा जैसी लड़ाकू जातियों में ही नहीं बल्कि ब्राह्मणों में भी विद्यमान है। जबकि ब्राह्मण इस भ्रम व कल्पना में मग्न (happy delusion) है कि उनकी जाति सर्वश्रेष्ठ है क्योंकि उन में विदेशी रक्त का मिश्रण नहीं है।

जातिप्रथा के संबध में यह नहीं कहा जा सकता कि जाति प्रथा का विकास नस्लों के मिश्रण को रोकने तथा रक्त की शुद्धता बनाए रखने के लिए हुआ। ऐतिहासिक सच्चाई यह है कि जातियों की उत्पति उस समय के बहुत बाद में शुरू हुई जब भारत की अलग-अलग नस्लें रक्त और संस्कृति (culture) के कारण अलग-थलग हो चुकी थी अर्थात यहां के लोगों में रक्त व संस्कृति के विदेशी तत्व पहले ही घुल-मिल चुके थे। अतः जाति भेद को वंश भेद मानते हुए यह दावा करना कि भारत की विभिन्न जातियां विभिन्न वंशों के कबीलें हैं यह सच नहीं बल्कि गुमराह करने वाला दावा है।

पंजाब के ब्राह्मणों और मद्रास के ब्राह्मणों में क्या कोई वंश (race) का संबंध है। इसी तरह बंगाल व मद्रास के अछूतों में क्या कोई निकट का वंश संबध हो सकता है? वंश की दृष्टि से पंजाब के ब्राह्मण उसी प्रजाति यानी वंश के है जिसके वहां के चमार हैं। मद्रास के ब्राह्मणों व चमार में क्या कोई भिन्नता पाई जाती है? इसी प्रकार मद्रास के ब्राह्मणों तथा पेरिया अछूतों का वंश एक है। जाति प्रथा वंश (racial) के विभाजन की सीमा तय नहीं करती है। जाति प्रथा एक ही वंश के लोगों का सामाजिक विभाजन है। फिर भी वंशभेद की बात मानकर कोई यह सवाल कर सकता है कि भारत में अलग-अलग जातियों के बीच अंतरविवाह के द्वारा वंश और रक्त की

मिलावट की आज्ञा दे दी जाएं तो क्या नुकसान है। मनुष्य और जानवरों में इतना अधिक अंतर है कि विज्ञान मनुष्य और जानवर को दो अलग जातियों के रूप में स्वीकार करता है लेकिन वंश की शुद्धता में विश्वास रखने वाले वैज्ञानिक भी यह दावा नहीं करते है कि अलग-अलग प्रजाति या वंश के लोग अलग जातियों के होते है। वे केवल एक और उसी ही जाति के अलग रूप है। ऐसे में वे आपस में दूसरी जाति से संबध करके ऐसी संतानें पैदा कर सकते है जो संतान पैदा करने के योग्य होती है और बांझ (sterile) नहीं होती है।

जाति व्यवस्था के पक्ष में वंश और मानव के विकास (eugenics) के बारे में कई तरह की बकवासपूर्ण बातें की जाती है। ऐसे बहुत कम लोग होंगे जो जाति-व्यवस्था की तब भी आलोचना करते जब यह मानव विकास के बुनियादी सिद्धांत के अनुरूप होती, क्योंकि उचित माध्यम से वंश में सुधार का विरोध थोड़े ही लोग करते है। लेकिन किसी के लिए यह समझ पाना बहुत मुश्किल है कि जाति व्यवस्था को न्यायसंगत (judicious noting) कैसे माना जा सकता है। जाति प्रथा एक घटिया व नेगेटिव सोच की किस्म की प्रथा है यह अलग-अलग जातियों के लोगों को आपस में विवाह करने से रोकती है जो कि शादी के लिए चुनाव का सकारात्मक तरीका नहीं है। यह तय करता है कि एक खास जाति के किन दो व्यक्तियों को विवाह करना चाहिए। यदि जाति व्यवस्था मानव विकास के विज्ञान पर आधारित है तो उप जातियों का आधार भी मानव विकास के क्रम में होना चाहिए। लेकिन क्या कोई गंभीरता से यह दावा कर सकता है कि उप जातियों की शुरूआत भी मानव विकास के विज्ञान के कारण हुआ है। मेरा विचार है कि इस तरह की मान्यता के पक्ष में बहस करना व्यर्थ है और इसका कारण बहुत साफ है। यदि जाति का मतलब नस्ल या प्रजाति है तो उप जातियों का में पाए जाने वाले अंतर, वंश का अंतर नहीं माना जा सकता क्योंकि उपजातियां एक ही नस्ल की काल्पनिक शाखाएं है। इससे स्पष्ट है कि उपजातियों के बीच परस्पर विवाह, खान-पान पर रोक, वंश व रक्त की शुद्धता बनाए रखने के उद्देश्य से नहीं हो सकती लेकिन उपजातियां मूलतः मानव विकास से संबधित नहीं है। तो इस बात में कोई सच्चाई नहीं हो सकती।

यदि जाति की शुरूआत नस्ल या वंश सुधार विज्ञान होता तो आपस में शादियों के खिलाफ रोक समझ में आ सकती है लेकिन जाति और उपजाति के बीच खान-पान पर रोक का क्या उद्देश्य है? आपसी खान-पान से रक्त पर कोई असर नहीं होता है और इससे नस्ल को अच्छा या खराब बनने या गिरावट से कोई संबंध नहीं हो सकता। इससे साबित होता है कि जाति-पांति का कोई वैज्ञानिक आधार नहीं है और जो लोग इसे मानव विकास पर सही प्रमाणित करने में लगे हुए है वे एक ऐसे आधार का सहारा ले रहे है जो सरासर अवैज्ञानिक है। आज के समय में भी सुंदर संतान की प्राप्ति की व्यवहारिक संभावना तब तक नहीं बन सकती तब तक कि वंशवाद के बारे में सही व आनुवंशिक (heredity) वैज्ञानिक जानकारी नहीं होगी। प्रो. बैट्सन

ने अपनी किताब 'मैंडेल्ड प्रिंसिपल्स ऑफ हेरेडिटी' में कहा है कि यदि किसी संतान में अच्छे गुण आए तो उसी के आधार पर यह कहना संभव नहीं है कि वे केवल किसी विशेष परंपरा के गुण के कारण ही आए है। यह भी संभावना हो सकती है कि संतान में जो बेहतर या अधिक शारीरिक गुण आए है वे किसी खास जैविक तत्व (genetic element) के होने की बजाय विभिन्न कारणों के संयोग का परिणाम है। यह तर्क देना कि जाति व्यवस्था का सिद्धांत मानव विकास से संबधित है, आजकल के हिंदुओं के पुरखों के बारे में वंश परंपरा की ऐसी जानकारी देना है जिसके बारे में आधुनिक वैज्ञानिकों को भी ज्ञान नहीं है। किसी पेड़ के बारे में सही निर्णय या आंकलन उसके फलों से करना चाहिए। यदि जाति मानव विकास के आधार पर है तो किसे किस तरह के नस्ल के लोगों को पैदा करने चाहिए थे। शारीरिक तौर पर हिंदू प्रजाति 'सी' दर्जे के लोग है। इनकी वंश के लोग आकार में छोटे व बौने लोगों की नस्ल (pigmies and dwarfs) जो कद में छोटे होने के साथ शक्ति में भी खाली है। यह एक ऐसी प्रजाति है जिसका 9/10 भाग फौज की सेवा के लिए नाकाबिल (unfit) घोषित किया गया है। यह एक ऐसी सामाजिक व्यवस्था है जिसमें हिंदुओं के एक खास वर्ग के स्वार्थ और अहंकार (selfishness and arrogance) का पोषण होता है, जिसका सामाजिक दबदबा इतना ऊंचा है कि उन्होंने इस जाति-पांति की व्यवस्था को बनाए रखा है और उन्होंने इस व्यवस्था को अपने से निचले तबके के लोगों पर जोर जबरदस्ती लागू भी कर दिया है।

इनसे स्पष्ट है कि जाति प्रथा मानव विकास के आधुनिक विज्ञान (eugenics) पर आधारित नहीं है। यह सामाजिक व्यवस्था समाज के ऐसे लोगों (perverse) की देन है जो अपने छल-बल और चतुरता से समाज के अन्य वर्गों पर अपना वर्चस्व व प्रभुत्व जमाने में सफल हो गए थे और चालाकी व कुटिलता से अपने अहम की पूर्ति के लिए व वर्चस्व को स्थाई बनाए रखने के लिए उन्होंने जाति प्रथा को जन्म दिया।

जाति से आर्थिक विकास (economic efficiency) नहीं होता है। जाति से वंश में सुधार भी नहीं होता है। हां, जाति ने एक काम जरूर किया है कि इसने हिंदू समाज को पूरी तरह से तोड़ कर अलग-थलग (deorganized) कर दिया है। और उन्हें अनैतिक हताशा (demoralized) की अवस्था में पटक दिया है।

❍

6.

क्या हिंदू एक 'समाज' है?

सबसे पहले हमें यह मानना होगा कि हिंदू समाज एक मिथक (myth) है। 'हिंदू' शब्द अपने आप में विदेशी नाम है। यह नाम मुसलमानों ने यहां के निवासियों को अपनी पहचान के लिए दिया था। मुस्लिम आक्रमणकारियों के आने से पहले किसी भी संस्कृत के ग्रंथ में हिंदू शब्द नहीं मिलता है। इसका एक मात्र कारण यह था कि उस समय के लोगों को इस नाम की जरूरत ही नहीं पड़ी क्योंकि उस समय उनमें यह भाव ही नहीं था कि वे समान अधिकारों वाले समाज के अंग है। इस प्रकार के हिंदुओं के समुदाय को एक संगठित समाज नहीं माना जा सकता। वास्तव में देखा जाए तो यह जातियों का समूह (collection of castes) मात्र है। इसमें हर एक जाति केवल अपने ही अस्तित्व (existance) के प्रति सजग व सक्रिय रहती है और अपने अस्तित्व की रक्षा करना इसका एक मात्र व अन्तिम लक्ष्य रहता है।

समुदाय में रहते हुए भी हिंदुओं में संघ भावना नहीं पायी जाती है। अर्थात हिंदू समाज को जातियों का संघ (fedaration) भी नहीं माना जाता। किसी भी जाति को यह एहसास नहीं है कि दूसरी जातियों से भी उसका कोई सम्बन्ध है। बस, केवल हिंदू-मुस्लिम दंगों के समय तो सब जातियां एक हो जाती है। बाकी समय में हर जाति अपने आप को दूसरी जाति से अलग रहने और अपनी पहचान अलग बनाए रखने की पूरी कोशिश करती है। ये जातियां ना केवल अपनी जाति में ही खान-पान और शादी-विवाह का सम्बन्ध रखती है बल्कि बहुत से जातियों ने तो अपना एक अलग पहनावा (distinctive dress) व रहन-सहन भी तय कर रखा है ताकि वे दूसरों से अलग दिखे। भारत में विदेशी सैलानियों का मनोरंजन करने वाले असंख्य तरह के पहनावे देखने को मिलते है। उनका कारण भी यहां बहुत सी जातियां होना है। सच्चाई तो यह है कि एक आदर्श हिंदू वही है जो चूहे की तरह बिल में रहने वाले उस चूहे की तरह है जो अन्य लोगों के संपर्क में आकर मेल मिलाप नहीं करना चाहता। हिंदुओं में सामुहिक चेतना (consciousness of kind) की भारी कमी पाई जाती है। हरेक हिंदू में जो चेतना है वह उसकी जाति की चेतना है, सामुहिक चेतना नहीं। यही कारण है कि हिंदुओं को एक समाज या एक राष्ट्र (society or nation) नहीं कहा जा सकता। फिर भी ऐसे काफी भारतीय है जिनकी देशभक्ति उनको यह मानने की स्वीकृति नहीं देती कि भारत एक राष्ट्र नहीं है बल्कि यह तो केवल विभिन्न समुदायों के असंगठित लोगों की भीड़ है। वे इस बात पर जोर देते है कि ऊपर दिखाई पड़ने वाली अनेकता (apparent diversity) के पीछे आधारभूत एकता (fundamental unity) है जो हिंदुओं के जीवन को प्रभावित करती है। यह एकता पूरे भारत में हिंदुओं की आदतों, रिवाजों, परंपराओं, आस्थाओं, विश्वासों और विचारों की समानता में व्याप्त है। लेकिन इसी के कारण

इस नतीजे पर नहीं पहुंचा जा सकता कि हिंदू एक समाज (society) का निर्माण करते है। ऐसा सोचना किसी समाज के गठन में आवश्यक अवयवों को समझने में गलती का परिणाम होगा। शारीरिक रूप (physical proximity) से पास रहने वाले मनुष्य वैसे ही समाज का निर्माण नहीं करते जैसे समाज का कोई सदस्य अन्य लोगों से दूर रहकर भी समाज की सदस्यता नहीं खोता। इसी प्रकार एक समान आदतों, परंपराओं, आस्थाओं और विचारों का होना, लोगों को एक समाज के रूप में संगठित करने के लिए काफी नहीं है।

वस्तुएं केवल भौतिक रूप से ईटों की तरह एक से दूसरे इंसान को दी जा सकती है। इसी प्रकार एक समुदाय की आदतें और परम्पराएं, विश्वास व विचार दूसरों समुदाय द्वारा अपनाए जा सकते है और इस तरह दोनों में समानता का आभास हो सकता है। बिखेरने से संस्कृति व सभ्यता का विस्तार होता है और यही कारण है कि विभिन्न आदिवासी कबीलों में परंपराओं, आदतों, आस्थाओं व विचारों में काफी समानता मिलती है, चाहे वे एक-दूसरे के पास में नहीं रहते है। लेकिन इन समानताओं के बाद भी इन आदिवासी कबीलों का एक समाज नहीं कहा जाएगा। इसका कारण यह है कि केवल कुछ समानताएं एक समाज की बनावट के लिए काफी नहीं है। लोगों के मिलने से समाज का निर्माण होता है क्योंकि उनके पास कुछ चीजें ऐसी है जिन पर उन सबका समान अधिकार (possess in common) है। कुछ चीजों पर सबका समान अधिकार होना, किसी चीज के आम अधिकार क्षेत्र में होने (have simlarthing) से अलग है और केवल यही एक मार्ग है जिससे लोग एक दूसरे के साथ कुछ चीजों पर बराबर अधिकार पा सकें। यह मार्ग है- आपस में एक दूसरे से जुड़ कर रहना, सभी का एक दूसरे से सम्पर्क बने रहना। इसी बात को दूसरे ढंग से कह सकते है कि समाज में आपसी संपर्क और संवाद (communication) को बनाए रखकर ही अपने अस्तित्व को कायम रख सकता है। ठोस बात यह है कि यदि कुछ लोगों के आचरण दूसरे लोगों के आचरण के समान है तो यह काफी नहीं होगा समानांतर (parallel) व्यवहार, चाहे समानता लिए ही क्यों न हो, लोगों को एक समाज में बांधने में सक्षम नहीं है। यह इस तथ्य से साबित होता है कि इंदौर की विभिन्न जातियां कई त्यौहार मनाती है लेकिन समान त्यौहार विभिन्न जातियों द्वारा समान रूप से मनाए जाने पर भी एक समाज (society) के रूप में नहीं बंध (bound) पाते हैं इसके लिए यह जरूरी है कि एक व्यक्ति सामुहिक गतिविधियों में भाग लेवें और योगदान (share and participate) करें। इससे दूसरों को भी प्रोत्साहन मिलेगा। किसी व्यक्ति को सामुहिक समारोह में इस तरह शामिल किया जाए कि वह समूह की सफलता को अपनी सफलता और उसकी असफलता को अपनी असफलता मानें। यही वह वास्तविक चीज है जो लोगों को आपस में बांधकर समाज बनाती है। जाति प्रथा समान व सामुहिक समारोह या क्रियाकलाप को रोककर इसने हिंदुओं को एक ऐसा समाज बनने से रोक दिया जिसका एकता भरा जीवन (unified life) हो और अपने अस्तित्व में होने का एहसास होने से रोका है।

7.

जातियों का राष्ट्र व समाज विरोधी रूप

प्रायः हिंदू यह शिकायत करते रहते है कि कुछ लोगों के खास गुट या गैंग प्रथकता (isolation) या विशेषता (exclusiveness) रखते हैं तथा समाज विरोधी भावनाएं भड़काते है। हिंदू उन पर सामाजिक शत्रुता की भावना पैदा करने का आरोप लगाते है लेकिन वे ये भूल जाते हैं कि यही सामाजिक शत्रुता की भावनाएं उनकी अपनी जाति व्यवस्था की सबसे बड़ी बुराई है। एक जाति दूसरी जाति के खिलाफ नफरत के गीत (hymn of hate) गाकर आन्दित होती है जैसे कि जर्मनी के लोग पिछली लड़ाई में अंग्रेजों के खिलाफ नफरत फैलाकर खुश होते थे। हिंदुओं का साहित्य जात-पांत की ऐसी वंशावलियों (genealogies) से भरा पड़ा है। जिनमें किसी एक जाति को श्रेष्ठ (noble) और बाकी को निकृष्ट (ignoble) साबित करने की कोशिश की गई है। 'सहयाद्रिखंड' नामक ग्रंथ जाति-प्रथा के खुरापाती साहित्य का एक नमूना है। यह सामजिक शत्रुता की भावनाएं केवल जात-पांत तक की सीमित ही नहीं है बल्कि इसमें काफी गहराई में जाकर हिंदू उपजातियों के आपसी संबंधों में भी जहर घोल दिया है। मेरे अपने राज्य महाराष्ट्र में स्वयं ब्राह्मणों की ही कई उपशाखाएं है। जैसे गोलक ब्राह्मण, देवरूख ब्राह्मण, कराड ब्राह्मण, पाल्शे ब्राह्मण और चितपावन ब्राह्मण। सभी अपने आप को ब्राह्मण जाति की उपजाति होने का दावा करते है लेकिन उनके बीच मौजूद समाज विरोधी भावनाएं बहुत साफ (marked) और उतनी ही उग्र (virulent) है जितनी ब्राह्मणों और गैर ब्राह्मणों के बीच में है। लेकिन इसमें कोई ताज्जुब की बात नहीं है, यह सामाजिक घृणा की भावना हर उस जगह मिलती है जहां किसी समुदाय के अपने विशेष लाभ होते है, जो उस समुदाय को दूसरे समुदाय से आपसी मेल-मिलाप करने से इसलिए अलग रखते है क्योंकि उसके कब्जे में जो कुछ भी है वे उसकी रक्षा कर सकें। इस भावना से विभिन्न जातियों के बीच अलगाव और घृणा उतनी ही स्पष्ट होती है जितनी कि अलग-अलग देशों के बीच। ब्राह्मणों की मुख्य चिंता गैर-ब्राह्मणों से निहित खुद के हितों की रक्षा करना है और गैर-ब्राह्मणों को मूल रूप से ब्राह्मणों से अपने हितों की रक्षा की चिंता रहती है। इस प्रकार हिंदू केवल जातियों का एक समूह ही नहीं बल्कि आपस में लड़-झगड़ रही जातियों का समूह (warring groups) है जिनमें से हर अपने और अपने स्वार्थों के लिए लगा हुआ है।

जाति प्रथा का एक अन्य पहलु भी है जो बहुत दुखद (deplorable) है। आज कल के

अंग्रेजों के पूर्वज (ancestors decendents) ने ‘वार ऑफ रोजेज’ (war of roses) और ‘करामबैल का युद्ध’ (Cromwellian war) में आमने सामने डटे थे लेकिन उनके वंशजों में जो युद्ध में एक दूसरे से लड़े थे, उनमें कोई घृणा, वैमनस्य या दुर्भावना नहीं है। उनके आज के वंशज दूसरे पक्ष की ओर से भाग लेने वालों के वंशजों के खिलाफ किसी भी प्रकार के बदले की भावना नहीं रखते है। पुश्तैनी वंशगत दुश्मनी (feud) भुला दी गई है लेकिन आज के गैर ब्राह्मण आज के ब्राह्मणों को इसलिए माफ नहीं कर रहे है क्योंकि उनके पूर्वजों ने शिवाजी का अपमान किया था। आज के कायस्थ, आज के ब्राह्मणों उस अपमान के लिए माफ नहीं करेंगे जो ब्राह्मणों के पूर्वजों ने उनके पूर्वजों का किया था। अंग्रेजों और भारतीयों में ऐसे अंतर का कारण क्या है। स्वभाविक रूप से इसके लिए जाति व्यवस्था जिम्मेदार है। जाति और जातिगत चेतना ही अलग-अलग जातियों के बीच पुराने झगड़ों की याद ताजा रखती है और इसी के कारण कंधे से कंधा मिलाकर चलने की भावना (solidarity) पैदा नहीं होती है। जाति व्यवस्था ने हमारी एकता को रोका है।

8.

आदिवासियों के उत्थान में बाधक जाति-प्रथा

हाल ही में कुछ क्षेत्रों को वर्जित (excluded) और कुछ को आंशिक रूप से (partially included) क्षेत्र में शामिल किए जाने पर जो विवाद चला था, उसने लोगों का ध्यान अनायास ही आदिम-आदिवासियों (aborginal tribes) की स्थितियों की ओर आकर्षित किया है। इन आदिवासी कबिलाई लोगों की संख्या अधिक नहीं तो एक करोड़ तीस लाख होगी, आजकल यह संख्या बढ़कर कहीं अधिक भी हो चुकी होगी। यदि हम इस सवाल को अलग छोड़ दें कि इनको संविधान में शामिल किया जाना उचित है या अनुचित? फिर भी यह सच है कि उस देश में जो हजारों वर्षों की पुरानी सभ्यता की डींगें (boasts) मारता है, ऐसे देश में आदिवासी अपनी आदिम असभ्य अवस्था में ही रह गये। यह केवल असभ्य ही नहीं बल्कि इनमें से कई ऐसे भी है जिन्होंने ऐसे काम धंधे अपना रखे है जिनके कारण इन्हें अपराधिक वर्ग में रखा है। सभ्यता की छाती पर एक करोड़ तीस लाख लोग आज भी आदिम अवस्था में रहते हुए परंपरागत अपराधिक जीवन (hereditary criminals) व्यतीत कर रहे हैं। लेकिन हिंदू समाज ने इस बात की कभी शर्म (ashamed) महसूस नहीं की। यह ऐसी अजीब घटना है जिस की मेरी नजर में दूसरी कोई मिसाल नहीं है। इस शर्मनाक स्थिति की क्या वजह है? इन आदिवासियों को सभ्य जीवन में लाने और जीवन यापन के लिए अधिक सम्मानजनक रास्ते अपनाने में कोई कोशिश क्यों नहीं की गई? हिंदू लोग इन आदिवासियों की इस स्थिति का कारण इनकी जन्मजात जड़ता (congenital stupidity) को दोषी बताएंगे। हिंदू यह नहीं मानेंगे कि आदिवासी इसलिए आदिम (जंगली) रह गए क्योंकि उनको सभ्य बनाने, स्वास्थ्य सेवा देने, उनमें सुधार करने और सभ्य नागरिक बनाने के लिए कोई प्रयास नहीं किए। क्या हिंदू इन आदिवासियों के लिए वह सब नही कर सकते थे जो ईसाई मिशनरी कर रहे है? मैं कहूंगा कि 'नहीं'। आदिवासियों को सभ्य बनाने का अर्थ उनको अपना लेना, उनके बीच रहना, भाईचारे की भावना पैदा करना। संक्षेप में कहा जाए तो उन्हें प्यार करना? लेकिन किसी हिंदू के लिए यह सब कैसे संभव होगा? उसका सारा जीवन ही अपनी जाति को बचाने में ही खप जाता है। जाति उसकी बहुमूल्य संपति (precious possession) है जिसकी वह किसी भी कीमत पर रक्षा करेगा। उसे यह कतई सहन नहीं हो सकता कि वह उस कुंजी को उन आदिवासियों, जो कि वैदिक काल से घृणित अनार्यों (hateful Anary) में से बचे हुए लोग माने जाते हैं, उनसे संबंध कायम रखने में गवां दें। ऐसा

नहीं है कि किसी हिंदू को पीड़ित मानवता के उत्थान की ओर उसके कर्तव्य के एहसास को नहीं सिखाया जा सकता। दुख का विषय यह है कि उसे अपने कर्तव्य का कितना भी एहसास करवाया जाए लेकिन वह अपनी जाति की रक्षा को कायम रखने के कर्तव्य पर काबू करने के योग्य नहीं बन सकता। उसके लिए अपने जाति ही सबकुछ है। अतः जाति ही वह कारण है जिसकी वजह से हिंदू सभ्यता के बीच आदिवासी इस आदिम बर्बर दयनीय (savage) स्थिति में जी रहे है और हिंदुओं को न तो इसके लिए शर्म है और न कोई पछतावा। हिंदुओं ने इस सच्चाई को भी नहीं जाना कि ये आदिवासी उनके लिए एक खतरे (potential danger) का कारण भी बन सकते है। यदि ये आदिवासी जंगली आदिम (savage) ही रहते है तो हिंदुओं को शायद कोई खतरा या हानि न पहुचाएं लेकिन यदि गैर-हिंदू इनको सुधार कर अपना लेते है और अपने धर्म या पंथ में शामिल कर लेते है तो वे हिंदुओं के दुश्मनों की संख्या व ताकत ही बढ़ाएंगे। यदि ऐसा होता है तो हिंदुओं को अपनी और अपनी जाति व्यवस्था को कोसने के अलावा कुछ नहीं रहेगा।

9.

जाति-वर्ण ही सामाजिक घृणा की जड़ है

हिंदुओं ने आदिवासी आदिम (savages) लोगों को सभ्य बनाने का मानवतावादी काम ही नहीं किया बल्कि उन्होंने हिंदू धर्म की सीमा में आने वाली निचली जातियों को जानबूझ कर ऊंची जातियों के सांस्कृतिक स्तर तक ऊपर उठने से भी रोका। मैं इसके दो उदाहरण देता हूं, एक सोनार जाति की और दूसरी पठारे प्रभु जाति के बारे में है। दोनों महाराष्ट्र की काफी जानी पहचानी जातियां हैं। समाज में अपने स्तर को ऊपर उठाने की सभी जाति समुदायों की आकांक्षा व इच्छा की तरह ही इन दो समुदायों ने एक समय ब्राह्मणों के रहन-सहन और व्यवहार (ways and habits) को अपनाने की कोशिश की। सुनारों ने अपने आपको 'देवज्ञ ब्राह्मण' कहना शुरू कर दिया और उसी तरह व्यवहार करने लगे। उन्होंने ब्राह्मणों के रंग-ढंग पर चलते धोती की लांग दोहरी तह लगा कर पहनने लगे और अभिवादन में 'नमस्कार' शब्द का प्रयोग शुरू कर दिया। ये दोनों ब्राह्मणों के विशेष रिवाज और अधिकार थे। धोती का इस प्रकार से बांधना तथा अभिवादन में नमस्कार कहना ब्राह्मणों को नहीं सुहाया और उन्होंने पेशवा राजा से आदेश निकलवाकर सुनारों द्वारा ब्राह्मणों वाले तौर-तरीके व विशेष अधिकार अपनाने के कदम पर रोक लगवा दी। इसके अलावा उन्होंने अंग्रेजों की ईस्ट इंडिया कंपनी के अधिकार क्षेत्र के अंदर बंबई में रहने वाले सुनारों के खिलाफ कंपनी के कौसिंल प्रेसिडेंट से मनाही का ऑर्डर भी निकलवा दिया।

यही दशा पठारे प्रभु जाति के लोगों की रही है। उस समय उनमें विधवा विवाह (widow-remarrige) की प्रथा प्रचलित थी लेकिन ब्राह्मणों में विधवाओं के विवाह का रिवाज नहीं था। इसलिए पठार- प्रभुओं के एक वर्ग ने अपनी बिरादरी के दर्जे को ऊंचा करने के विचार से विधवा विवाह के अच्छे रिवाज को भी छोड़ दिया, जो उनमें प्रचलित था। इस मुद्दे पर जाति के लोग दो धड़ों में बंट गए। कुछ लोग विधवा विवाह के पक्ष में थे तो कुछ उसके खिलाफ। इस दौरान पेशवा राजाओं ने इनकी पुरानी परम्परा यानी विधवा विवाह के समर्थकों का साथ दिया और इस प्रकार पठार प्रभुओं को ब्राह्मणों के रीति-रिवाज अपनाने तथा अपने सामाजिक दर्जे से ऊपर उठने से रोक दिया।

हिंदू लोग मुसलमानों पर आरोप लगाते है कि उन्होंने तलवार के जोर पर अपने धर्म को फैलाया। वे ईसाई धर्म का भी उनकी प्राचीन धार्मिक अदालतों के आंकड़ों (inquisition) का

मजाक उड़ाते है। लेकिन असल में कौन सही है। वास्तव में मुस्लिम और ईसाई हमसे सम्मान के अधिक लायक है क्योंकि उन्होंने असहमत लोगों (हिंदुओं) को वह बातें मानने के लिए मजबूर किया जिन्हें वे (मुसलमान व ईसाई) उन लोगों की मुक्ति (salvation) के लिए जरूरी समझते थे। या वे हिंदू जो दूसरों में ज्ञान का उजाला फैलाना नहीं चाहते थे और अंधेरे में ही रखने की कोशिश में ही लगे रहे। वे अपनी विद्वता और सामाजिक परम्पराओं को उन लोगों में बांटना नहीं चाहते थे जो उनको अपने जीवन में ढालने के लिए राजी और तैयार थे। मुझे यह कहने में जरा भी संकोच नहीं कि यदि मुसलमान क्रूर (cruel) थे तो हिंदू निर्दयी (mean) रहा है जो क्रूरता से अधिक निंदनीय है एक बदतर दुर्गण (meaness) है।

10.

धर्म प्रचार में बाधक जातियां

यह हमेशा से बहस का विषय रहा है कि हिंदू धर्म एक सेवाभावी यानी मिशनरी धर्म है या नहीं। कुछ लोग इसे मिशनरी धर्म कहते है जबकि अन्य लोगों का कहना है कि इतिहास में वह धर्म कभी भी मिशनरी नहीं रहा। इस संबंध में यह स्वीकार करना होगा कि एक समय तक हिंदू धर्म जरूर ही मिशनरी धर्म रहा है क्योंकि इसके बिना भारत जैसे विशाल क्षेत्र में इसका फैलना संभव नहीं था। इसके साथ यह भी सच्चाई मान ली जानी चाहिए कि आज का हिंदू धर्म मिशनरी धर्म नहीं है। इसलिए सवाल यह नहीं है कि हिंदू धर्म मिशनरी धर्म था या नहीं बल्कि सवाल यह है कि हिंदू धर्म मिशनरी धर्म क्यों नही रह सका? मेरा उत्तर है कि हिंदुओं में जाति व्यवस्था के जन्म के साथ ही इसका मिशनरी रूप खत्म हो जाता है। धर्म परिवर्तन में किसी व्यक्ति की आस्थाओं और धार्मिक मान्यताओं को अपने दिमाग मे बिठाना ही अकेली समस्या नहीं है। धर्म परिवर्तन के बाद धर्म बदलने वाले व्यक्ति के लिए उस समुदाय के सामाजिक जीवन में खुद के लिए एक जगह तलाश करना ज्यादा मुश्किल समस्या है। मुश्किल यह है कि नया धर्म धारण करने वाले व्यक्ति को किस जाति में कौनसा स्थान दिया जाए? यह ऐसी समस्या है जो दूसरे धर्म के व्यक्ति को अपने धर्म में लाने की इच्छा रखने वाले हर हिंदू को मुश्किल में जरूर डालेगी। किसी जाति का सदस्य बनना किसी क्लब के मेम्बर बनने की तरह आसान नहीं है। क्लब की मेम्बरशिप हर किसी को मिल सकती है लेकिन जाति की सदस्यता उस जाति में ही पैदा हुए लोगों तक सीमित होती है। जातियां स्वाधीन (autonomous) होती है, स्वायत्त होती है और किसी भी जाति में नए व्यक्ति को शामिल करने के लिए कोई भी ताकत मजबूर नहीं कर सकती। हिंदू धर्म अनेक जातियों का समूह है और हर जाति एक बंद समूह है इसलिए हिंदू समाज में धर्म बदलकर बाहर से आने वालों के लिए कोई स्थान नहीं है। इस प्रकार जाति ही वह कारण है जिसने हिंदुओं को हिंदू धर्म फैलाने से और दूसरे धार्मिक समुदायों को अपने साथ शामिल करने से रोका है। अतः जब तक जातिप्रथा रहेगी तब तक हिंदू धर्म सेवाभावी मिशनरी धर्म नहीं बन सकता और इसकी शुद्धि के बारे में सोचना न केवल मूर्खता (folly) होगी बल्कि निरर्थक (falility) भी होगी।

11.

जाति-प्रथा सामाजिक बिखराव व बुझदिली का बड़ा कारण है

जिन कारणों से हिंदुओं में शुद्धि का आंदोलन संभव नहीं है वही कारण हिंदुओं में संगठन की भावना पैदा नहीं होने के लिए जिम्मेवार है। संगठन का मूल आधार व भाव यह है कि हिंदुओं के दिमाग से उस भय या कायरता (timidity and cowardness) को निकालना है जो बहुत बुरी तरह से हिंदुओं को सिख व मुसलमानों से अलग करती है और जिसके कारण हिंदू को अपनी रक्षा के लिए वीरता के स्थान पर विश्वासघात और चालाकी (treachery and cunning) जैसी घटिया हरकतों के लिए मजबूर कर दिया गया है। स्वभाविक रूप से सवाल उठता है कि सिख या मुसलमान में वह शक्ति व क्षमता कहां से आती है जो उनको बहादुर और निडर (brave and fearless) बनाती है? मेरा मानना है कि बेहतर शारीरिक शक्ति, पौष्टिक भोजन या व्यायाम के कारण ऐसा नहीं होता है। वह शक्ति उस भावना के कारण होती है कि किसी एक सिख को खतरे में देखकर सभी सिख उसकी मदद के लिए पहुंच जाएंगे और किसी मुस्लिम पर हमला होने की दशा में सारे मुसलमान उसकी रक्षा के लिए दौड़ पड़ेंगे। लेकिन किसी भी हिंदू के अंदर यह भावना नहीं होती है। हिंदुओं को यह विश्वास ही नहीं होता कि है कि मुश्किल के समय कोई दूसरा हिंदू उसकी मदद के लिए आगे आएगा। हमेशा अकेलापन महसूस करने की नियती के कारण वह निर्बल (powerless) ही रहता है। परिणाम स्वरूप असुरक्षा, भय (timidity) और कायरता (cowardice) से ग्रस्त हिंदू या तो मैदान छोड़कर भाग जाता है या फिर आत्मसमर्पण (surender) कर देता है जबकि ऐसे संकट के समय एक सिख या मुसलमान निडर होकर डटा रहता है, क्योंकि वह जानता है कि हालांकि वह अकेला है लेकिन लड़ाई में वह अकेला नहीं रहेगा। उसके सिख या मुसलमान होने के आत्मविश्वास के सहारे वह मैदान में मुकाबला करने के लिए डटा रहता है। जबकि हिंदू में विश्वास नहीं होने के कारण उसे भागने व हार मानने पर मजबूर कर देती है।

इस मुद्दे पर विचार करने पर सवाल उठता है कि आखिर वह क्या चीज है जिसके कारण एक सिख या मुसलमान इतना अधिक आश्वस्त (assured) रहता है और उसे मुकाबला करने के लिए हिम्मत आती है। जबकि एक दूसरे की सहायता की भावना की कमी के कारण हिंदू

भय व निराशा (dispair) से भर जाता है। आपको मालूम होगा कि इस फर्क का कारण उनके संगठित जीवन के ढंगों में है। सिखों और मुसलमानों के संगठित जीवन के ढंग से उनमें भाईचारे (fellow feeling) की भावना का विकास होता है जबकि हिंदुओं के बीच ऐसा नहीं है। सिख और मुसलमानों में एक जैसी सामाजिक मजबूती है जो उन्हें भाई-भाई बनाती है। हिंदुओं के बीच आपस में सीमेंट जैसा जोड़ने वाला तत्व नहीं है और एक हिंदू दूसरे को भाई नहीं मानता। इससे स्पष्ट हो जाता है कि क्यों एक सिख यह कहता है और महसूस करता है कि एक सिख या खालसा सवा लोगों के बराबर है। इससे पता चलता है कि क्यों एक अकेला मुसलमान हिंदुओं की भीड़ के बराबर है। इसमें कोई शक नहीं कि यह बड़ा फर्क सिर्फ जाति के कारण है इसलिए जब तक जाति रहेगी, हिंदुओं में संगठन व एकता नहीं हो सकती और जब तक संगठन नहीं है, हिन्दू कमजोर, दब्बू और डरपोक (weak and meek) ही बने रहेंगे।

हिंदू बार-बार यह दावा करते है कि वे बहुत सहिष्णु यानी सहनशील लोग है। मेरी राय में यह उनकी एक बड़ी भूल व भ्रम है। ज्यादातर अवसरों पर हिंदू सहिष्णु नहीं होते है और यदि कुछ अवसरों पर वह सहनशील होते तो इसलिए कि वे इतने निर्बल कमजोर होते है कि विरोध कर ही नहीं पाते है या उन्हें विराध से कोई लेना-देना ही नहीं होता है, बिल्कुल उदासीन होते है। यह कमजोरी व उदासीनता (indifference) हिंदुओं के जीवन का इतना बड़ा हिस्सा बन गई है कि हिंदू अपमान और अन्याय को चुपचाप बुझदिली से सहन कर लेता है। हिंदू समाज में, मोरिस के शब्दों में, 'जहां बड़े लोग छोटों को कुचल देता है, जहां ताकतवर लोग कमजोर को पीटता है, जहां क्रूर (cruel) लोग बखौफ होकर घूमते है जहां दयालु (kind) लोग हिम्मत नहीं होने के कारण चुप है और बुद्धिजीवी वर्ग लापरवाह (caring not) होते है।" हिंदू देवता भी धैर्यवान व सहनशील हैं। इन सहनशील हिंदू देवताओं के कारण हिंदू समाज में दलितों और पीड़ितों की दयनीय दशा की कल्पना करना मुश्किल नहीं है। उदासीनता किसी भी समाज को बीमार करने वाला सबसे खतरनाक रोग है। आखिर हिंदू इतने उदासीन क्यों है? मेरे विचार में यह उदासीनता जाति व्यवस्था का परिणाम है जिसके कारण संगठन और आपसी मेल-मिलाप तथा किसी अच्छे उद्देश्य के लिए सहयोग भी संभव नहीं हो पाता है।

12.

जाति से बहिष्कार : एक कठोर दंड

जब कोई व्यक्ति अपने समुदाय के मापदंडों, समुदाय के नेतृत्व, अधिकारों और समुदाय के हितों के खिलाफ उससे अलग अपने विचारों व विश्वासों (opinions and beliefs) द्वारा अपनी स्वतंत्रता और हितों का जोरदार दावा करता है तभी सुधारों (reforms) की शुरूआत होती है लेकिन ये सुधार जारी रहेंगे या नहीं यह इस बात पर निर्भर करता है कि समुदाय में इस प्रकार के व्यक्तिगत प्रयासों के लिए समूह में कितनी गुंजाइश है? यदि ऐसे लोगों के लिए समुह का रूख न्यायपूर्ण (fair minded), संतुलित और सहनशील (tolerant) है तो इसके सुधारवादी प्रयास जारी रहेंगे और आखिर में ये लोग अपने साथियों के विचारों में बदलाव लाने में सफल रहेंगे। दूसरी ओर यदि समाज में सहनशीलता की भावना नहीं है और ऐसे व्यक्तियों को निपटाने व उनकी आवाज दबाने में अपनाए जाने वाले हथकंडों को नहीं देखता तो कुछ समय बाद ऐसे लोग जो सुधार चाहते हैं वे गायब हो जाएंगे, सुधार बेअसर हो जाएंगे और आखिर में सुधार ही समाप्त हो जाएंगे।

अब किसी भी जाति को उसके नियमों को तोड़ने वाले व्यक्ति को बिरादरी से बाहर निकालने का अधिकार है। जब यह समझ लिया जाए कि बिरादरी से बाहर निकालने (excommunication) का अर्थ सामाजिक मेल मिलाप व व्यवहार पर पूरी तरह से पाबंदी लग जाती है, तो इस पर स्पष्ट सहमति होगी कि समाज से निकाले जाने और मृत्युदंड में कोई खास फर्क नहीं है। यह कोई ताज्जुब की बात नहीं है कि हिंदू समाज में जातिगत रूकावटों (barriers of caste) को पार करके स्वतंत्रता प्राप्ति के लिए दबाव डालने का लोगों में साहस नहीं है। यह ठीक है कि व्यक्ति हर समय अपने साथियों के साथ सहमत कर व्यवहार नहीं रख सकता लेकिन यह भी सच है कि उनके बिना उसका गुजारा भी नहीं होता। वह अपनी शर्तों पर साथियों को साथ रखना पसंद करेगा, लेकिन यदि वह अपनी शर्तें मनवाने में सफल नहीं होता तो वह किन्हीं भी सामुहिक शर्तों पर सामुहिक साथ पाने के लिए तैयार हो जाता है और इस तरह वह पूरे तौर पर आत्मसमर्पण कर देता है, कारण यह है कि वह समाज के बिना रह नहीं सकता। किसी भी व्यक्ति की दयनीय व बेबस दशा का लाभ उठाने के लिए एक जाति समूह हमेशा तैयार रहता है और अपने लिए उस व्यक्ति को मजबूर करता है। एक जाति आसानी से किसी सुधारक के जीवन को नरक बनाने के लिए अपने आपको एक साजिश में संगठित कर सकती है। यदि

कोई साजिश करना अपराध है तो मेरी समझ में नहीं आता कि किसी जाति समूह के नियमों के खिलाफ किसी विचारक व्यक्ति द्वारा साहसिक कदम उठाने वाले व्यक्ति के सामाजिक बहिष्कार के जघन्य अपराध को कानूनी तौर पर दंडनीय अपराध क्यों नहीं घोषित किया जाता? लेकन आजकल कानून भी हर जाति को अपनी जाति के लोगों के लिए सजा का प्रावधान करने और जाति के नियमों को न मानने वालों को बिरादरी से बाहर करने की सजा देने के लिए स्वतंत्रता देता है। सभी सामाजिक सुधारों का विरोध करने और उन्हें खत्म करने के लिए रूढ़िवादियों के हाथों में जाति एक मजबूत हथियार है।

13.

जाति प्रथा ने आचरण को नष्ट किया

जातिप्रथा के कारण हिंदुओं के आचरण व नैतिकता पर भी बहुत बुरा असर पड़ा है। जाति-पांति ने लोक कल्याण व सामाजिक उदारता की भावना (public spirit and charity) को भी नष्ट किया है। अपनी ही जाति के प्रति प्रेम व दूसरी जाति के प्रति घृणा के भाव के कारण ही समाज में किसी भी विषय पर एक सहमति नही बन पाती है। एक हिन्दू के लिए उसकी जाति ही उसका एक मात्र समाज है, उसकी जाति के लोग ही उसकी जनता है। उसका समर्पण, निष्ठा व सामाजिक जिम्मेदारी की भावना केवल अपनी जाति तक ही सीमित है। जातिभेद के कारण अच्छे गुण (virtue) व अच्छा आचरण (morality) भी जाति की सीमा तक ही रह गये है। इस प्रकार यदि कोई व्यक्ति विद्वान, योग्य व नेक है लेकिन यदि वह अपनी जाति का नहीं है तो उसके प्रति कोई इज्जत, सम्मान, श्रेष्ठ गुणों की प्रशंसा, सहानुभूति तथा जरूरतमंद के लिए उदार व सहयोग के भाव का पूरी तरह से अभाव रहता है। गैरजाति के पीड़ित व्यक्ति की पुकार को कोई नहीं सुनता है। यदि करूणा, दया और सहानुभूति (charity) के भाव पैदा होते है तो वे खुद की जाति के लिए शुरू होते है और खुद ही जाति तक ही समाप्त हो जाते है। दूसरी जाति के व्यक्ति के लिए हमदर्दी (sympathy) का कोई स्थान नहीं रहता है। इसका हकदार वह नहीं समझा जाता है।

क्या एक हिन्दू किसी महान सज्जन व नेक व्यक्ति का नेतृत्व स्वीकार कर लेगा? इसका उत्तर यह होगा कि अपवाद के रूप में साधु-महात्मा के अलावा हिन्दू उस व्यक्ति की अगुवाई कतई स्वीकार नहीं करेगा, जो उसकी जाति का नहीं है। एक ब्राह्मण केवल ब्राह्मण नेता का और एक कायस्थ केवल कायस्थ नेता का ही नेतृत्व स्वीकार कर उसके कहे अनुसार चलेगा। इस प्रकार अपनी जाति के अलावा अन्य जाति के व्यक्ति के श्रेष्ठ गुणों की तारीफ करना, उसकी अच्छाइयों की कद्र कर सम्मान करना हिन्दू का स्वभाव ही नहीं है। हिन्दू सिर्फ अपनी जाति बंधुओं के ही सद्गुणों (merits) की प्रशंसा करना जानता है। हिंदुओं की सारी व्यवहार व आचरण-नीति जंगली, असभ्य कबीलों की नीति (tribal morality) की तरह संकीर्ण, दूषित व बुरी है। वह यही कहता है कि चाहे व्यक्ति ठीक है या गलत, चाहे अच्छा है या बुरा है, लेकिन वह मेरी अपनी जाति का (my caste-man) है। हिंदुओं में सद्गुणों का पक्ष लेने तथा दुर्गुणों का तिरस्कार करने की कोई परवाह न होकर जाति का पक्ष लेने या उसकी अपेक्षा का

सवाल सबसे ऊपर रहता है। किसी लोकतांत्रिक राष्ट्र के नागरिक होते हुए भी हिंदुओं की इस सीमा तक अपनी जाति के हितों व स्वार्थों की रक्षा का गहरा भाव होना क्या देश के प्रति गद्दारी (treason) नहीं कही जाएगी?

14.

मेरी कल्पना का आदर्श समाज कैसा हो?

यदि आप में से कुछ सज्जन जाति प्रथा के कारण समाज में पैदा हुए बुरे प्रभावों की दुखदायी कहानियां (sad effects) सुनते-सुनते थक गए हो तो मुझे कोई हैरानी नहीं होगी। यह कोई नई बात नहीं है। इसलिए अब मैं इस समस्या के रचनात्मक पक्ष की ओर आता हूं। मेरे द्वारा जाति प्रथा की आलोचना सुनकर आप लोग मुझसे यह सवाल पूछना चाहेंगे कि यदि मैं जातियों के खिलाफ हूं तो मेरी दृष्टि में एक आदर्श समाज क्या है? मेरा आदर्श समाज एक ऐसा समाज होगा जिसकी नींव आजादी, बराबरी और भाईचारे (liberty, equality and fraternity) पर आधारित हो और ऐसा क्यों नहीं हो सकता हैं? भला भाईचारे के खिलाफ किसी को क्या एतराज हो सकता है? मेरे विचार में कोई एतराज नहीं हो सकता। इससे अलग मैं किसी अन्य समाज की कल्पना भी नहीं कर सकता। एक आदर्श समाज गतिशील (mobile) होना चाहिए। यह ऐसे तरीकों, मार्गों व साधनों से भरपूर होना चाहिए (full of channels) ताकि एक भाग में होने वाले परिवर्तन दूसरे भाग में पहुंचाया जा सके। एक आदर्श समाज में भले के लिए ऐसे कई आपसी हित (interests) होने चाहिए जिनका आपस में जान बुझकर आदान-प्रदान हो और जिनमें सभी भाग लें। कई तरह की रूचियां होनी चाहिए जो सहर्ष दूसरों तक पहुंचाई जाए और उनसे विचार विमर्श किया जा सके। समाज में दूसर संगठनों के रिवाजों विचारों व व्यक्तियों के साथ निरंतर संपर्क व संवाद बना रहना चाहिए। बेरोक टोक मेल-मिलाप होने चाहिए। दूसरे शब्दों में कहे तो वहां एक सामाजिक फैलाव (social endosmosis) होना चाहिए। यह भाईचारा है जो लोकतंत्र (democracy) का एक मात्र दूसरा नाम हो सकता है। लोकतंत्र केवल सरकार का स्वरूप मात्र नहीं है यह बुनियादी रूप से संगठित व सामुहिक जीवन जीने तथा संयुक्त रूप से बातचीत के अनुभव प्राप्त करने का एक तरीका भी है। लोकतंत्र का निचोड़ है अपने लोगों के लिए आदर और इज्जत (respect and reverence) का ढंग।

क्या आजादी के लिए किसी को एतराज हो सकता है? कुछ लोग समाज में स्वतंत्र रूप से आवागमन के अधिकार का विरोध करते है जिसका अर्थ है जीवित रहने व काम करने के अधिकार (right to life and limb) का विरोध। आजादी जिसका अर्थ होता है परिवार के लिए भरण पोषण के लिए संपति रखने और शरीर को स्वस्थ रखने के लिए रोजी कमाने के लिए जरूरी वस्तुओं को रखने का अधिकार हो, यहां आजादी का कोई विरोध नहीं है तो फिर किसी

व्यक्ति की क्षमता के प्रभावी और सही ढंग से उपयोग में लाकर लाभ उठाने की आजादी क्यों नहीं दी जाए? जात-पांत का पक्ष लेने वाले जो जीवन, शरीर और संपति के अधिकार को ही आजादी मानते है वे आजादी के इस स्वरूप को कतई स्वीकार नहीं करेंगे क्योंकि इससे व्यक्ति को अपनी रोजी-रोटी के लिए कोई भी अपनी रूचि का पेशा चुनने की आजादी आ जाती है। लेकिन इस प्रकार की आजादी पर एतराज व विरोध करना गुलामी (slavery) को हमेशा के लिए कायम रखना है। गुलामी का मतलब यह नहीं है कि किसी को कानूनी रूप से अपने अधीन बना दिया जाए। इसका मतलब समाज की वह स्थिति है जिसमें कुछ लोग दूसरों द्वारा दिए ऐसे आदेश मानने पर मजबूर कर दिए जाते है जिससे उनके व्यवहार व रहन-सहन पर अंकुश व रोक लगाते है। यह स्थिति वहां भी पायी जाती है जहां कानूनी रूप से गुलामी नहीं है जैसा कि जातिप्रथा में होता है या वहां भी पायी जाती है जहां कुछ लोगों को पहले से ही निर्धारित हेय काम करने पर मजबूर किया जाता है जो उन लोगों ने अपनी इच्छा से नहीं अपनाए होते है।

क्या समाज में समानता पर भी किसी को आपत्ति हो सकती है? दरअसल यह फ्रांस की क्रांति का सबसे अधिक बहस का विषय और प्रबल विरोधी नारा था। समानता के खिलाफ दावे में दम हो सकता है और लोगों को यह स्वीकार करना पड़ सकता है कि सभी लोग बराबर नहीं हो सकते है लेकिन इसमें क्या मतलब? समानता का विचार चाहे काल्पनिक (fiction) ही हो लेकिन फिर भी शासन करने के लिए इस विचार को एक सिद्धांत के रूप में (governing principle) स्वीकार किया जाना चाहिए। किसी भी व्यक्ति की शक्ति तीन बातों पर निर्भर करती है। पहला, शारीरिक वंशानुगत (physical heredity)। दूसरा, सामाजिक विरासत (social inheritance) या समाज द्वारा दी गई पक्की जायदाद अर्थात माता-पिता द्वारा पालन पोषण, शिक्षा, वैज्ञानिक ज्ञान को अर्जित करना और अन्य सक कुछ जो एक व्यक्ति को किसी अज्ञानी के मुकाबले में अधिक योग्य बनाती है, और अंत में तीसरा, उसके अपने प्रयास (his own efforts)। इसमें कोई शक नहीं है कि इन तीनों बातों में मनुष्य बराबर नहीं है लेकिन इसीलिए गैरबराबरी का व्यवहार करें क्योंकि वह हमारे बराबर नहीं हैं? यह एक ऐसा सवाल है जिसका जवाब समानता के विरोधियों को देना पड़ेगा। व्यक्ति विशेष के रूप में यदि किसी के प्रयास बराबर नहीं है तो उसके साथ गैरबराबरी का व्यवहार किया जा सकता है। हर व्यक्ति की शक्ति व क्षमता को पूरी तरह से विकसित करने के लिए उसे पूरा सहयोग व अवसर दिए जाने चाहिए। लेकिन यदि पहले दो कारणों से किसी व्यक्ति को असमान मानकर उसके साथ असमानता का व्यवहार किया जाए, जैसा कि किया जाता है तो उसका क्या परिणाम होगा? बहुत स्पष्ट है ऐसी स्थिति में ऐसे व्यक्ति ही आगे बढ़ने की प्रतियोगिता की दौड़ में चुने या जीत जाएंगे जिनके पक्ष में जन्म, शिक्षा, पारिवारिक प्रतिष्ठा, व्यवसायिक संबंध तथा पुरखों से विरासत में मिली सम्पति होगी। लेकिन ऐसी स्थिति में योग्य व्यक्ति (able) का चुनाव नहीं होगा बल्कि विशेष अधिकार

प्राप्त व्यक्ति (privileged) का ही सलेक्शन होगा।

इसलिए जो ताकतें तीसरी श्रेणी के लोगों के साथ असमानता की बात करती है वे ही ताकतें यह मांग करती है कि पहली दो श्रेणी के लोगों के साथ जहां तक हो सकें समानता का व्यवहार किया जाना चाहिए। दूसरी ओर इसका उल्टा यह आग्रह किया जा सकता है कि सामाजिक संगठन के लिए यह लाभप्रद है कि उसके ज्यादातर सदस्यों का सहयोग मिले, तो यह तभी संभव है जब उनके साथ दौड़ की शुरूआत से ही जहां तक हो सके बराबरी का व्यवहार हो। अर्थात समाज में एक सदस्य से अच्छा से अच्छा लाभ तभी लिया जा सकता है जब उसे बराबर बना दें। यही एक कारण है जिसकी वजह से हम समानता को अस्वीकार नहीं कर सकते। लेकिन दूसरा कारण यह भी है कि क्यों हमें समानता को स्वीकार करना चाहिए।

एक सत्ताधारी व्यक्ति या राजनीतिज्ञ को आए दिन कई लोगों से मिलना पड़ता है उसके पास न तो इतना समय होता है और न ही यह जानकारी कि वह हर व्यक्ति को अलग- अलग पहचाने और उसके अनुसार ही व्यवहार करें अर्थात हर व्यक्ति की आवश्यकता, उद्देश्य या उसकी योग्यता या क्षमता के अनुसार उससे व्यवहार करें। किसी के साथ चाहे कितना भी न्यायपूर्ण, निष्पक्ष व सद्व्यवहार किया जाए फिर भी इतनी विशाल जनसंख्या अर्थात मानवता को अलग-अलग वर्गों में बांटना (classification) संभव नहीं है इसलिए सत्ताधीश को सीधा सादा नियम अपनाना चाहिए और वह यह है कि सभी के साथ समान व्यवहार हो। सिर्फ इसलिए नहीं कि वे सब एक समान है बल्कि इसलिए कि उनमें वर्गीकरण या श्रेणी के आधार पर बंटवारा संभव नहीं है। समानता का सिद्धांत स्पष्ट तौर से एक भ्रम (fallacious) है लेकिन यह सब कुछ होते हुए भी यही एक रास्ता है जिससे कोई सत्ताधारी राजनीतिज्ञ राजनीति में आगे बढ़ सकता है क्योंकि राजनीति पूरी तरह से एक व्यवहारिक काम है जिसकी परीक्षण की कसौटी भी पूरी तरह से व्यवहारिक होती है।

❍

15.

आर्य सामाजियों की चतु-वर्णव्यवस्था

लेकिन समाज सुधारकों (reformers) का एक संगठन भी है जिसका आदर्श कुछ अलग ही है ये लोग आर्यसमाजी कहलाते है। इनके अनुसार समाज की संरचना का आदर्श, चातुवर्ण होता है। इन्होंने भारत की अब तक की चार हजार जातियों के बजाय सिर्फ चार श्रेणियों में बांटा है। वे अपने इस सिद्धांत को अधिक आकर्षक बनाने और अपने विरोधी विचारधारा वालों को बेअसर करने के लिए चातुर्वर्ण के प्रचारक (protagonists) यह बताने में बहुत समझदारी से काम में लेते है कि चातुवर्ण व्यवस्था जन्म पर नहीं बल्कि गुण (worth) पर आधारित है।

मैं यह पहले ही बता देना चाहता हूं कि भले ही चातुर्वर्ण व्यवस्था गुण के आधार पर हो, लेकिन यह आदर्श मेरे विचारों से मेल नहीं खाता। पहली बात तो यह है कि चातुवर्ण व्यवस्था के अन्तर्गत यदि हर व्यक्ति को अपनी योग्यता यानी गुणों के आधार पर हिंदू समाज में स्थान मिलता है तो मेरी समझ में नही आता है कि आर्यसमाजी लोग इन पर ब्राह्मण, क्षत्रिय, वैश्य व शूद्र का लेबल लगाने पर जोर क्यों देते हैं? किसी भी विद्वान व्यक्ति का ब्राह्मण का लेबल लगाए बिना भी उसका आदर सम्मान होगा। यदि कोई सिपाही हो तो क्षत्रिय कहे बिना भी उसका सम्मान होगा। सवाल यह है कि यदि यूरोपीय समाज अपने सिपाहियों और सेवकों व कामगारों कोई स्थायी नाम दिए बिना सम्मान दे सकता है तो हिंदू समाज को ऐसा करने में क्या तकलीफ हैं? लेकिन आर्य समाजी इस बात पर विचार करने की जरूरत ही नहीं समझते है। इन लेबलों के जारी रहने के खिलाफ एक और आपत्ति है। समाज में सभी सुधार लोगों और चीजों के प्रति समाज की धारणाओं, भावनाओं और मानसिकता में बदलाव के कारण ही होते है। यह सामान्य बात है कि कुछ नाम किसी ऐसी विशेष धारणाओं और भावनाओं के साथ जुड़ जाते है जो एक व्यक्ति का लोगों और चीजों के प्रति सम्मान, मानसिकता या व्यवहार को तय करती है। ब्राह्मण, क्षत्रिय, वैश्य और शूद्र ऐसे नाम है जो हर एक हिंदू के मन में दिलोदिमाग में एक विशेष व स्थायी धारणा के रूप में जुड़े होते है और वह धारणा है जन्म आधारित आ रही व्यवस्था (hierarchy) को दर्शाती है। जब तक ये नाम बने रहेंगे हिंदू लोग ब्राह्मण, क्षत्रिय, वैश्य और शूद्र नामों को जन्म के आधार पर व कार्यों के ही ऊंच और नीच पर ही विचार करते रहेंगे और उसी के अनुसार जीवन में अमल भी करते रहेंगे। उसके दिमाग में हर समय यह भावना भरी रहेगी कि ब्राह्मण सबसे ऊंचा है, क्षत्रिय उससे नीचा वैश्य, क्षत्रिय से नीचा और शूद्र वैश्य से भी नीचा यानी सबसे

नीचले पायदान पर पड़ा हुआ है। हिंदुओं के मन से यह सब भुलाया जाना बहुत जरूरी है लेकिन यदि ये पुराने लेबल बने रहेंगे और हिंदुओं के मन में पुरानी धारणाएं व मान्यताएं याद दिलाना जारी रहेगा तो यह कैसे संभव होगा? यदि लोगों के मन में नई धारणाएं बैठानी है तो उनके नए नाम भी देना जरूरी है। पुराने नामों को जारी रखने का अर्थ है सुधार को व्यर्थ करना (futile)। चतुर्वर्णव्यवस्था को गुणों के आधार पर बता कर उस पर ब्राह्मण, क्षत्रिय, वैश्य और शूद्र जैसे सड़े गले बदबूदार (stinking) नामों को लगाना, जन्म पर आधारित सामाजिक विभाजन को स्पष्ट करते है तथा ऐसी व्यवस्था पाखण्ड का भ्रमजाल (snare) है।

16.

चातु-वर्ण की एक घिनौनी व अव्यवहारिक व्यवस्था

पुराने लेबलों वाली यह चातुर्वर्ण व्यवस्था बहुत ही घिनौनी (utterly repellent) व्यवस्था है, बहुत घृणात्मक लगती है और मेरा रोम-रोम इसके खिलाफ विद्रोह भाव रखता है। लेकिन चातुर्वर्ण का मेरा विरोध सिर्फ भावनाओं पर ही आधारित नहीं है। मेरे पास इससे अधिक ठोस आधार भी मौजूद है जिन पर मैं पूरा विश्वस करता हूं। इस आदर्श का अच्छी तरह से निरीक्षण करने पर मुझे पूरा विश्वास हो गया है कि सामाजिक व्यवस्था की दृष्टि से चातुवर्ण अमल करने के लायक ही नहीं (impracticable) है। हानिकारक (harmful) है, यह बुरी तरह से नाकामयाब साबित हुआ है। व्यवहारिक दृष्टि से भी चातुर्वर्ण ने समाज में ऐसी कई कठिनाइयां पैदा कर दी है जिनकी ओर इसका पक्ष लेने वालों (prostagonists) ने कभी विचार ही नहीं किया।

जाति के नियम, वर्णों के वाले नियमों से बुनियादी तौर से अलग है। ये नियम केवल बुनियादी तौर पर अलग ही नहीं है बल्कि बुनियादी तौर पर एक दूसरे के खिलाफ भी हैं। जाति व्यवस्था कथित गुणों (worth) पर आधारित है जबकि वर्ण व्यवस्था कथित योग्यता (birth) पर आधारित है। लोगों ने अपनी योग्यता का प्रमाण पत्र दिए बिना सिर्फ जन्म के आधार पर ऊंचा स्थान प्राप्त कर लिया है। आप उन्हें इस ऊंचे स्थान को छोड़ने के लिए मजबूर कैसे करोगे? जन्म के आधार पर किसी व्यक्ति को मिले निचले स्थान को उसकी योग्यता के अनुसार मिलने वाले स्थान को मानें, आप इसके लिए लोगों को कैसे मजबूर (compel) करोंगे? उसके गुणों के आधार पर स्थान व सम्मान देने के लिए लोगों को कैसे बाध्य करेंगे? ऐसा करने के लिए पहले आपको जाति -प्रथा को खत्म करना होगा तभी वर्ण व्यवस्था लागू की जा सकेगी। आप जन्म पर आधारित चार हजार जातियों को योग्यता व गुणों पर आधारित चार वर्णों में किस तरह से सीमित कर सकोगे? चतुर्वर्ण की हिमायत करने वालों को सबसे पहले इस मुश्किल से जूझना पड़ेगा। यदि चतुर्वर्ण व्यवस्था को सफल बनाना है तो इस पहली मुश्किल को दूर करना पड़ेगा।

चातुर्वर्ण व्यवस्था में यह माना जाता है कि समाज चार स्पष्ट वर्गों में बांटा जा सकता है लेकिन क्या यह संभव है? सिद्धांतों की दृष्टि से चातुर्वर्ण, ग्रीस के दार्शनिक अफलातून (प्लेटो) के वर्ग (class) सिद्धांत की सामाजिक व्यवस्था से बहुत समानता रखता है। प्लेटो के अनुसार प्रकृति से ही मनुष्य तीन वर्गों में बंटा हुआ है। यानी प्राकृतिक रूप से ही मनुष्य तीन प्रकार के होते है। उनका मानना था कि कुछ लोगों में सिर्फ भूख व इच्छाएं ही मुख्य होती है। प्लेटो ने ऐसे

लोगों को मेहनतकश और व्यापारी वर्ग में रखा। दूसरी तरह के लोगों में पेट भरने की प्रकृति के साथ-साथ बहादुर प्रकृति भी दिखाई देती थी। ऐसे लोगों को प्लेटों ने राष्ट्र के रक्षक और देश की आंतरिक शांति के पहरेदारों (guardians) की श्रेणी में रखा। कुछ अन्य तरह के ऐसे लोग होते थे जिनमें पदार्थों की मूल प्रवृति अर्थात सच्चाई को समझने की योग्यता दिखाई देती थी। ऐसे लोगों को उसने जनता के लिए कानून बनाने वालों की श्रेणी में रखा। इस तरह का सामाजिक वर्गीकरण बनाने वाली प्लेटो की किताब गणराज्य (republic) की जिस आधार पर आलोचना की जाती है उन्हीं आधारों पर आर्य समाजी चतुर्वर्ण की भी आलोचना की जाती है क्योंकि इसमें भी यह माना गया है कि मनुष्य समाज को चार स्पष्ट श्रेणियों में विभाजित किया जा सकता है।

प्लेटो के खिलाफ मुख्य आलोचना यह थी कि मनुष्य और उसकी शक्तियों के संबंध में उसकी मान्यता बहुत ऊपरी (superficial) है और उसका सभी लोगों को तीन बिल्कुल अलग-अलग श्रेणियों में निर्जिवों की तरह ठूंसने का प्रयास किया है। प्लेटो इस बात की कल्पना ही नहीं कर सके कि मनुष्य - मनुष्य की विशेषताएं मनुष्य-मनुष्य अलग-अलग है, वे सभी एक दूसरे से क्षमता में भी अलग-अलग है और अधिकतर व्यक्ति स्वयं में ही एक श्रेणी या वर्ग होते है। प्लेटो को यह ज्ञान नहीं था कि हर व्यक्ति की अपनी विशेषता, हर व्यक्ति की दूसरों से तुलना और हर व्यक्ति की अपनी श्रेणी आप होती है। प्लेटो यह भी स्वीकार नहीं करता है कि मनुष्य असंख्य भिन्नताओं (diversity) का भंडार होने के साथ-साथ अनेक प्रवृतियों (tendencies) का संग्रह भी होता है। उसकी यह मान्यता भी सही नहीं थी की व्यक्तियों की मानसिक शक्ति निश्चित क्षमता की होती है। आधुनिक विज्ञान ने भी यह सिद्ध कर दिया है कि व्यक्तियों को कुछ निश्चित वर्गों में बांटना बिल्कुल बनावटी और ऐसा विचार है जो विचार के लायक नहीं है क्योंकि व्यक्तियों के स्वभाव व गुणों में भिन्नता होने के कारण उनके गुणों के उपयोग की दृष्टि से वर्गों में बांटना बहुत ही अनुपयोगी है। इसलिए जिस कारण से प्लेटों के रिपब्लिक की कल्पना नाकामयाब हुई है। उसी कारण चातुर्वर्ण भी नाकामयाब होगा, क्योंकि मनुष्यों को कथित वर्गों के कारण विभिन्न वर्गों के बांधकर रखना संभव नहीं है। यह सही है कि शुरूआत की चार श्रेणियों (classes) अब चार हजार जातियां बन गई है और इससे यह साबित होता है कि लोगों को चार निश्चित श्रेणियों में बिल्कुल सही वर्गीकरण करना संभव नहीं है।

चातुर्वर्ण व्यवस्था स्थापित करने की राह में एक तीसरी समस्या भी है माना कि चातुर्वर्ण व्यवस्था स्थापित हो जाती है लेकिन इसे बनाए रखना कैसे संभव होगा? इसे सफलतापूर्वक चलाने के लिए 'दंड व्यवस्था' (penal systm) लागू करना बहुत जरूरी है जो नियमानुसार चातुर्वर्ण व्यवस्था बनाए रख सके। चातुर्वर्ण व्यवस्था को हमेशा लोगों द्वारा अपने-अपने वर्ग की सीमाएं तोड़ने की समस्या से जूझना पड़ेगा। यदि वर्ग की सीमा रेखा लांघने की गलती पर सजा देने का प्रावधान नहीं किया तो लोग अपने-अपने वर्ग की सीमाओं में बंधे नहीं रहेंगे। यह

व्यवस्था मानवीय स्वभाव के विपरीत होने के कारण यह सारी व्यवस्था बिखर कर चौपट हो जाएगी और आधारभूत अच्छाइयों के बावजूद चातुर्वर्ण व्यवस्था जिंदा नहीं रह सकेगी। इसको तो कानून के जरिए ही लागू किया जा सकता है। कानून की मदद के बगैर चातुर्वर्ण व्यवस्था के आदर्श को व्यवहारिक धरातल पर हकीकत में नही बदला जा सकता और रामायण में राम द्वारा शम्बूक का कत्ल करना इस बात को साबित करता है। यानी अपने वर्ग की सीमा तोड़ने वाले को दंड देना जरूरी है। कुछ लोग राम को इसके लिए दोषी (blame) ठहराते है क्योंकि उसने बिना कारण (without reason) और गलत तरीके से (wantonly) शम्बूक की हत्या कर दी। लेकिन शम्बूक की हत्या करने के लिए राम को दोषी ठहराने का अर्थ सारे मामले को गलत समझना है, भ्रम के कारण से है। राम राज्य तो चातुर्वर्ण व्यवस्था पर आधारित था और राजा होने के नाते राम इस व्यवस्था को लागू रखने के लिए मजबूर था। इसलिए शम्बूक का वध करना राम का फर्ज (duty) था क्योंकि जाति से शूद्र शम्बूक अपनी जाति की सीमाओं को तोड़कर ब्राह्मण बनना चाहता था। यही कारण था कि राम ने शम्बूक का वध किया। लेकिन इससे यह साबित होता है कि चातुर्वर्ण व्यवस्था को बनाए रखने के लिए कानून (दंड व्यवस्था) की ताकत का होना जरूरी है। इसके लिए सिर्फ दंड व्यवस्था ही नहीं बल्कि मौत की सजा का प्रावधान भी जरूरी है। इसी वजह से राम ने शम्बूक को प्राण दंड से कम सजा नहीं दी। यही कारण है कि 'मनुस्मृति' में वेद को पढ़ने वाले शूद्र की जीभ काट देने और सुनने वाले शूद्र के कान में पिघला हुआ शीशा भर देने जैसी सख्त सजाएं देने का आदेश देती है। चातुर्वर्ण व्यवस्था का पक्ष लेने वालों द्वारा लोगों को यह विश्वास दिलाना होगा कि वे समाज में लोगों को सफलतापूर्वक वर्गीकरण कर सकते है और वे इस बीसवीं शताब्दी के आधुनिक समाज में मनुस्मृति की दंड व्यवस्था को लागू करने में सफल हो सकते है।

चातुर्वर्ण व्यवस्था की वकालात करने वालों ने इस बात पर तो विचार ही नहीं किया कि इस व्यवस्था में स्त्रियों की क्या दशा होगी। क्या स्त्रियों को भी ब्राह्मण, क्षत्रिय, वैश्य और शूद्र श्रेणियों में बांटा जाएगा? या उनको भी अपने पतियों के सामाजिक दर्जे को बराबर माना जाएगा? और यदि शादी के बाद स्त्री का सामाजिक दर्जा बदल जाएगा तो गुणों (worth) के आधार पर समाज में किसी व्यक्ति का स्थान तय करने वाली चातुर्वर्ण व्यवस्था के कायदे कानूनों का क्या होगा? अर्थात क्या किसी व्यक्ति का दर्जा उसके गुणों पर आधारित होना चाहिए? यदि उनका वर्गीकरण उनके गुणों के आधार पर किया जाता है तो क्या वह वास्तविक होगा या नाम मात्र के लिए? यदि यह नाम मात्र होगा तो बेकार है और फिर चातुर्वर्ण व्यवस्था को पक्ष लेने वालों को यह स्वीकार करना पड़ेगा कि उनकी व्यवस्था स्त्रियों पर लागू नहीं होती। यदि वह वर्गीकरण वास्तविक है, तो क्या चातुर्वर्ण के समर्थक इस व्यवस्था को महिलाओं पर लागू करने के तर्कसंगत परिणामों को मानने व समझने के लिए तैयार होंगे? तब उन्हें स्त्रियों को पुजारी

(preists), पुरोहित और सिपाही (soldiers) के रूप में रूप स्वीकार करने के लिए तैयार रहना होगा। हिंदू समाज ने स्त्री को शिक्षिका और बैरिस्टर वकील के रूप में स्वीकार कर लिए है और अब समाज आदी भी हो चुका है। शायद आने वाले समय में समाज स्त्री को शराब बनाने वाली (brewers) व कसाई (butchers) के रूप में भी स्वीकार कर लें। लेकिन स्त्री को पुजारी और सिपाही के रूप में स्वीकार करने वाला व्यक्ति निश्चित ही बहुत बहादुर होगा। लेकिन चातुर्वर्ण व्यवस्था स्त्रियों पर लागू करने का यही तर्क संगत परिणाम होगा। इन कई कठिनाईयों के बावजूद एक जन्मजात मूर्ख (congenital idiot) के अलावा कोई दूसरा समझदार व्यक्ति कभी भी यह विश्वास और उम्मीद नहीं कर सकता कि चातुर्वर्ण व्यवस्था फिर से जीवित हो सकती है।

17.

समाज को लकवाग्रस्त व लगभग मुर्दा बना देने वाली व्यवस्था

यदि यह मान भी लिया जाए कि चातुर्वर्ण व्यवस्था व्यवहारिक है यानी इसे प्रयोग में लाया जा सकता है तो भी मैं यह दृढ़ता से कहूंगा कि यह सबसे बुरी दोषपूर्ण (most vicious) व्यवस्था है। ब्राह्मणों को ज्ञानवान होना चाहिए, क्षत्रियों को शस्त्र धारण करने चाहिए, वैश्य यानी वणिक को व्यापार करना चाहिए और शूद्र को इन सभी की सेवा करनी चाहिए। लगता है यह तो श्रम के विभाजन की (division of labour) व्यवस्था है। एक रोचक सवाल यह है कि इस व्यवस्था में शूद्र को अन्य काम नहीं करने को मजबूर करने की नीयत से ऐसे प्रावधान किए गए है या सिर्फ यह बताने की कोशिश है कि शूद्र को इसके अलावा अन्य कार्य करने की आज्ञा ही नहीं है? चातुर्वर्ण के समर्थक इसको पहली बात में शामिल करते है, वे कहते है कि जब ऊपर के तीनों वर्णो के लोग शूद्रों का भरण पोषण करने के लिए मौजूद है तो उसे धन कमाने और इकट्ठा करने की क्या जरूरत है? इसी तरह पढ़ने लिखने का काम ब्राह्मणों से चल सकता है तो शूद्र को शिक्षा प्राप्त करने की क्या जरूरत है। इसके आगे शूद्र को हथियार रखने की भी क्या जरूरत है जबकि उसकी रक्षा के लिए क्षत्रिय मौजूद है। चातुर्वर्ण की ऐसी व्याख्या या अर्थ के सिद्धांत के आधार पर यह कहा जा सकता है कि शूद्र संरक्षित वर्ग (ward) है जिस पर तीनों वर्णो का संरक्षण (guardians) है।

इस अर्थों में चातुर्वर्ण व्यवस्था एक सरल, बड़प्पन व संरक्षण की भावना से ओतप्रोत व आकर्षक व्यवस्था (simple, elevating and alluring) है। यह मानते हुए कि चातुर्वर्ण व्यवस्था की थ्योरी के पीछे यह सही धारणा है तो भी यह व्यवस्था दुर्भावना और मूर्खता से रहित नहीं है। यदि ब्राह्मण, क्षत्रिय और वैश्य अपने-अपने को आदेशित अपने धर्म कर्तव्यों या आज्ञाओं को मानना छोड़ देते है तो क्या होगा? इसके ठीक उल्टा यदि वे अपने कर्तव्यों को पालन तो ठीक तरह से करते है लेकिन एक दूसरे वर्ग के प्रति या शूद्रों के प्रति अपने कर्तव्यों का पालन करने के लिए जान बूझकर आनाकानी करते है तो क्या होगा? ये तीनों वर्ण उचित शर्तों पर शूद्रों की सहायता व संरक्षण नहीं करते है या ये तीनों मिलकर शूद्रों का आर्थिक शोषण करते है तो क्या होगा? तीनों एक साथ मिलकर शूद्रों के पालन पोषण के बजाय उन्हें दबाने में लग जाए

तो फिर क्या होगा? यदि ब्राह्मण क्षत्रिय, वैश्य या शूद्रों की सरलता व अज्ञानता का लाभ उठाने की कोशिश करें तो उसके हितों की रक्षा कौन करेगा। यदि क्षत्रिय लोग ही समाज में लूटमार करने लगे तो शूद्रों के साथ ब्राह्मण और वैश्यों की रक्षा कौन करेगा? समाज से एक वर्ग का दूसरे वर्ग पर निर्भर रहना जरूरी है। कभी-कभी एक वर्ग को दूसरे पर निर्भर रहने की इजाजत भी दी जा सकती है लेकिन अपनी जरूरी व महत्वपूर्ण जरूरतों के लिए दूसरों पर निर्भर क्यों रखा जाए? इसके लिए समाज के हर व्यक्ति को शिक्षित किया जाना चाहिए, हर व्यक्ति के पास अपनी सुरक्षा के साधन होने चाहिए और अपनी रक्षा की क्षमता पैदा करनी चाहिए। अपने अस्तित्व को बचाए रखने के लिए हर व्यक्ति के लिए यह बहुत जरूरी है। एक अनपढ़ व बिना हथियार के व्यक्ति को इस बात से क्या सुरक्षा या सहायता मिल सकती है कि उसका पड़ोसी पढ़ा-लिखा विद्वान व हथियारबंद है। इस प्रकार यह पूरा सिद्धांत ही बेतुका व बकवास (absurd) है। ये कुछ ऐसे सवाल है जिन पर चातुर्वर्ण के समर्थक कभी विचार ही नहीं करते है, चिंता ही नहीं करते है लेकिन इन सवालों पर सोच विचार करना बहुत जरूरी है।

यदि यह मान लिया जाए कि इस व्यवस्था में अलग-अलग वर्गों के बीच संरक्षक (guardians) और अभिरक्षित (ward) कर संबंध है यानी एक दूसरे के प्रति सहायता व सुरक्षा का संबंध है तो यह मानना ही पड़ेगा कि इस व्यवस्था में रक्षक वर्ग के दुष्कर्मों पर बुराईयों से अभिरक्षित वर्ग के हितों की रक्षा के लिए कोई व्यवस्था नहीं की गई है। यदि चातुर्वर्ण की अवधारणा में रक्षक और रक्षित की भावना को लिया गया होगा तो भी इसमें शक की कोई गुंजाइश नहीं है कि व्यवहार में यह मालिक और नौकर (master and servant) का संबंध था। ब्राह्मण, क्षत्रिय और वैश्य वर्ग के लोग हालांकि आपसी संबंधों में खुश नहीं थे लेकिन फिर भी जैसे-तैसे इस समझौते से काम चलाते रहे। ब्राह्मण ने क्षत्रिय को चापलूसी कर बेवकुफ बनाया और दोनों ने वैश्य को इसलिए जीने दिया ताकि उसके सहारे वे खुद आराम से जी सके और वैश्य को अपने पर आश्रित बना लिया। लेकिन इन तीनों ने मिलकर यह तय किया कि शूद्र को हर हालात में दबाए रखना (beat down) है। शूद्रों को साधन सम्पति जुटाने से रोका गया, धन इकट्ठा करने (wealth) से रोका गया ताकि वह तीनों वर्णों से आजाद न हो जाए। उसे शिक्षा पाकर ज्ञानवान होने से रोका गया ताकि वह जागरूक होकर अपने अधिकारों के प्रति सजग न हो जाए। शूद्र को हथियार रखने पर रोक लगाई गई ताकि वह इन तीनों वर्णों की शोषणकारी व्यवस्था के खिलाफ विद्रोह (rebel) न कर बैठे। मनु द्वारा बनाए कानून इस बात के प्रमाण है कि तीन वर्णों के लोगों द्वारा शूद्रों के साथ कैसा व्यवहार किया जाता था। सामाजिक अधिकारों के संबंध में मनु के कानूनों से अधिक बदनाम कोई कानूनों की नियमावली नहीं है। सामाजिक अत्याचार व जुल्म का कोई भी उदाहरण इसके आगे फीका पड़ जाएगा। इस सामाजिक बुरे व्यवहार के शिकार बड़ी जनसंख्या के लोगों ने आखिर इसे सहन क्यों किया?

दुनिया के दूसरे देशों में सामाजिक क्रांतियां (social revolution) होती रही है लेकिन इस सवाल ने मुझे लगातार परेशान किया है कि भारत में सामाजिक क्रांतियां क्यों नही हुई? और इसका सिर्फ एक ही जवाब है कि चातुर्वर्ण जैसी मनहूस वाहियात व्यवस्था (wretched) के कारण हिंदू समाज का सबसे निचला तबका जुल्म के खिलाफ विद्रोह करने के काबिल ही नहीं रहा। वे हथियार नहीं रख सकते थे और बिना हथियार के वे बगावत करने की स्थिति में नहीं थे। वे सभी खेती-बाड़ी करने वाले हल चलाने वाले किसान (ploughmen) थे। या यूं कहे कि वे इसके लिए मजबूर थे। उन्हें अपने हलों की फारों को तलवारों (swords) में बदलने की कभी इजाजत ही नहीं दी। उनके पास कोई बंदुकें, संगीनें (bayonets) नहीं थी इसलिए जिस किसी की जब कभी इच्छा हुई, शूद्र के सिर पर बैठ जाता था।

चातुर्वर्ण के कारण वे कोई शिक्षा नहीं ले सकते थे इसलिए अनपढ़ ही रहे। वे अपनी मुक्ति व उद्धार (salvation) का मार्ग नहीं ढूंढ सकते थे। इस बारे में विचार करने की क्षमता उनमें नहीं थी। वे नीच बने रहने के लिए मजबूर थे। ऐसी व्यवस्था से छुटकारा पाने का रास्ता न जानने और इसके छुट कर निकलने के साधन नहीं होने के कारण उन्होंने आखिर हार कर अनंत दासता (inescapable fate) से समझौता कर स्वीकार कर लिया। और इस अनंत गुलामी को ही उन्होंने अपनी किस्मत मान लिया जिससे छुटकारा मिलना कतई संभव नहीं था।

यह सच है कि यूरोप में भी शक्तिशाली लोगों ने कमजोर लोगों का शोषण कर उन्हें बर्बाद करने में कोई कमी नहीं छोड़ी लेकिन यूरोप में मजबूत लोगों ने भारत के हिंदुओं की तरह इतनी बेशर्मी से कमजोरों का शोषण नहीं किया। ताकतवर और कमजोर लोगों के बीच भीषण युद्ध यूरोप में होते आ रहे है लेकिन ऐसा भारत में नहीं हो पाया। इसके बावजूद यूरोप में कमजोर वर्ग के लोगों को सेना में नौकरी करने की आजादी, शारीरिक हथियार, परेशानी में राजनैतिक हथियार और शिक्षा के रूप में नैतिक आचरण का हथियार (physical, political and moral weapons) प्राप्त करने की हमेशा आजादी रही। आजादी हासिल करने के लिए तीनों हथियार यूरोप में ताकतवर लोगों ने कमजोर लोगों से कभी नहीं छीने। लेकिन भारत में ये तीनों हथियार चातुर्वर्ण ने निचले तबके के कमजोर लोगों के लिए रोक दिए। चातुर्वर्ण से बढ़कर हेय और जलील कर देनी वाली कोई सामाजिक व्यवस्था हो नही सकती। यह व्यवस्था लोगों को लगभग मुर्दा, लकवाग्रस्त व अपंग (deadens, paralyses and cripples) बना देती है कि व्यक्ति किसी कार्य व आंदोलन के लिए भी अयोग्य हो जाता है। यह कोई बढ़ा चढ़ाकर नहीं बताया जा रहा है। इतिहास में इसके काफी प्रमाण है। भारतीय इतिहास में सिर्फ एक ही युग ऐसा आया जिसे स्वतंत्रता, महानता व गौरवपूर्ण युग कहा जा सकता है और वह है मौर्य साम्राज्य का युग। बाकी सारे समय के शासनकालों में यह देश अंधेरे व पराजय (darkness and defeat) के दुख को झेलता रहा। मौर्य युग ही ऐसा युग था जिसमें चातुर्वर्ण का पूरी तरह से खात्मा कर

दिया गया था। उसी काल में शूद्र लोग अपने बलबूते पर आगे आए, देश के शासक बने और गौरवशाली शासन किया। भारतीय इतिहास में अंधकार व पराजय का युग तो वह था जब देश में घृणित व निकृष्ट चातुर्वर्ण व्यवस्था का अभिशाप अधिकतर क्षेत्र में फैला और देश की जनता के एक बड़े हिस्से को दुखों से बर्बाद कर दिया।

❍

18.

जातियों के बीच आपसी विरोध व दुश्मनी

चातुर्वर्ण कोई नई व्यवस्था नहीं है। यह उतनी ही प्राचीन है जितने वेद है। यह उन कारणों में से एक है जिनके आधार पर आर्य समाजी हमें इस व्यवस्था पर विचार करने के लिए कहते हैं। सामाजिक व्यवस्था के तौर पर जांच करने के लिए चातुर्वर्ण का पहले भी प्रयोग किया गया लेकिन कोशिश बेकार साबित हो चुकी है। इतिहास में कई बार ब्राह्मणों ने क्षत्रियों का नाश कर क्षत्रिय रहित किया और कितनी ही बार क्षत्रियों ने ब्राह्मणों का नाश किया है। 'महाभारत' और 'पुराण' ब्राह्मणों और क्षत्रियों के बीच हुए ऐसे युद्धों की घटनाओं से भरे पड़े है। इन दोनों के बीच ऐसी घटिया व ओछी बातों पर भी झगड़ पड़ते थे कि रास्ते में मुलाकात होने पर ब्राह्मण और क्षत्रिय में से कौन पहले अभिवादन (salute) करेगा और कौन दूसरे को पहले रास्ते देगा। सिर्फ यही नहीं एक समय में ब्राह्मण क्षत्रियों को फूटी आंख (eyesore) नहीं सुहाते थे और क्षत्रिय ब्राह्मणों को। ऐसा लगता था कि क्षत्रिय तानाशाह व अत्याचारी हो गए थे और लोग चातुर्वर्ण व्यवस्था के तहत दुखी असहाय जनता परमात्मा से अत्याचारी व तानाशाही से छुटकारा पाने के लिए प्रार्थना कर रही थी। 'भागवत पुराण' में यह साफ बताया गया है कि कृष्ण ने एक ही पवित्र व धार्मिक उद्देश्य के लिए अवतार धारण किया था और वह था क्षत्रियों का विनाश करना। विभिन्न वर्गों के बीच इतना अधिक आपसी विरोध व दुश्मनी के इन उदाहरणों के हमारे सामने होते हुए मैं यह नहीं समझता कि कोई व्यक्ति चातुर्वर्ण व्यवस्था को एक आदर्श के रूप में हिंदू समाज के पुनर्निर्माण के तौर पर प्रस्तुत कर सकता है।

❍

19.

गैर-हिंदुओं में जाति-प्रथा

मैंने उन लोगों के बारे में कहा है जो आपके जाति-पांति तोड़क मंडल के साथ नहीं है और जिनका आपके आदर्शों से खुला विरोध है। कुछ ऐसे लोग भी है जो न तो आपके साथ है और न ही आप उनके साथ। मैं संकोच कर रहा था कि क्या मैं उनके विचार व नजरिए पर भी अपने विचार व्यक्त करूं या नहीं। लेकिन एक बार फिर सोचने के बाद मैं इस नतीजे पर पहुंचा कि मुझे उन पर भी विचार जरूर व्यक्त करने चाहिए। इसके दो कारण है। पहला कि जाति की समस्या के प्रति उनका नजरिया व व्यवहार सिर्फ तटस्थ ही नहीं बल्कि उसमें उद्देश्यपूर्ण तटस्थता (aimed neutrality) वाला भाव है। दूसरा कारण यह है कि ये लोग बहुत संख्या में है। इनमें से एक वर्ग ऐसा है जिन्हें हिंदुओं की जांत-पांत की व्यवस्था में न तो कुछ अजीब लगता है और न ही कोई घृणा पैदा करने वाली बात (odious) दिखाई देती है। ऐसे हिंदू लोग मुसलमान, सिख और ईसाई समाज का उदाहरण देते है और वे इस बात से खुश होते है कि उनके बीच भी तो जातियां है। इस सवाल पर विचार करने के लिए आपको शुरू से ही यह बात दिमाग में रखनी चाहिए कि मानव समाज कहीं भी एक इकाई नहीं है समाज हमेशा बहु ईकाई (plural) वाला रहा है अर्थात बहुलरूप में रहा है। दुनिया के मानव समाज में व्यक्ति (individual) एक किनारा है तो समाज (society) दूसरा किनारा या सीमा पर है। इन दोनों सीमाओं के बीच कम या ज्यादा संख्या में या छोटे बड़े सभी प्रकार की सामाजिक संस्थाएं, परिवार, मित्रता, सहकारी संस्थाएं, व्यापारिक दल, राजनीतिक पार्टिया तथा चोर-लूटेरों के गिरोह होते है। ये छोटे-छोटे गुट आमतौर से आपस में मजबूती से जुड़े होते है और कई बार ये उतने ही अलगाव व अलग पहचान को पसंद करते है जितना कि जातियां। उनकी विचार व कार्यप्रणाली बहुत ही संकीर्ण होती है जो कि कई बार तो समाज विरोधी (anti social) होती है। यह बात यूरोप व एशिया के हर समाज पर लागू होती है। यह तय करने के लिए कि कोई समाज आदर्श समाज है या नहीं, इसके लिए यह नहीं जाना चाहिए कि वह गुटों (groups) में विभाजित है या नहीं, क्योंकि वर्ग तो सभी समाजों में होते है। आदर्श समाज तय करने के लिए जो सवाल पूछे जाने चाहिए वे यह है कि उस समाज को विभिन्न गुटों में कितने अधिक और कितने तरह के लाभ चेतन और समान रूप से पहुंचाए जा रहे हैं? उस समाज का अन्य समाजों से कितने अधिक मजबूत सामाजिक संबंध है, आपसी संबंध कैसे है तथा अन्य समाजों से मिलकर कहां तक पूरी तरह स्वतंत्रता से काम कर रहे हैं?

क्या उस समाज के विभिन्न गुटों वर्गों और जातियों को तोड़ने वाली ताकतों के मुकाबले उन्हें जोड़ने वाली ताकतों से ज्यादा है? वहां वर्गों के इस सामुहिक जीवन को क्या सामाजिक महत्व दिया जाता है? क्या शुद्ध रूप से यह रीति-रिवाज या सुविधा के लिए है या धार्मिक मुद्दा है?

इन सवालों को ध्यान में रखते हुए यह फैसला किया जाना चाहिए कि हिंदू समाज की जाति व्यवस्था गैर हिंदू समाज की जाति व्यवस्था जैसी ही है या नहीं? यदि हम एक तरफ मुसलमानों, सिखों और ईसाईयों की जातियों और दूसरी तरफ हिंदुओं की जातियों के विचारों की कसौटी पर गौर करे तो हमें मालूम होगा कि गैरहिंदू समाजों की जातिप्रथा हिंदू समाज की जाति प्रथा से बहुत अलग है। पहला कारण तो यह है कि हिंदू समाज में अलग-अलग जातियों के लोगों को आपस में घनिष्ठता बढ़ाने व बांधने वाला तत्व या भाव नहीं है जबकि गैरहिंदू समाज में ऐसी कई बातें व संबंध है जो उनको आपस में साथ रखकर एकता में बांधे रखते है। किसी भी समाज की ताकत समाज में मौजूद विभिन्न जातियों व वर्गों के बीच आपसी मेल-मिलाप के बिंदुओं और संपर्क व आदान प्रदान की संभावनओं पर निर्भर करती है। दार्शनिक कार्लाइल ने इनका नाम 'ऑर्गेनिक तंतु' (organic filaments) अर्थात लचीले तंतु कहा है। जो रबड़ के जैसे धागे या रिश्ते है जो समाज के टूटते हिस्सों को एक दूसरे के पास लाकर आपस में जोड़ते है। हिंदू समाज में जातिप्रथा के कारण समाज में जो बिखराब व टूटन हुई है उस अलगाव को जोड़ने वाली शक्तियां नहीं है जबकि गैरहिंदू समाजों में ऐसे बहुत सारे इलास्टि आर्गेनिक फिलामेंट है जो एक दूसरे को एकता में बांधते है। इसके अलावा इस बात पर ध्यान जरूरी है कि हिंदू समाज की तरह ही गैर हिंदू समाजों में भी जातियां है लेकिन गैरहिंदू समाजों में जाति का वह सामाजिक महत्व या रूतबा (social significance) नहीं है जो हिंदुओं में है। किसी मुसलमान या सिख को पूछो कि वह कौन है, तो वह आपको बताएगा कि वह मुसलमान है या सिख है। वह अपने जवाब में अपनी जाति भी नहीं बताता है जबकि उसकी जाति है, लेकिन इतने उत्तर से ही आप संतुष्ट हो जाते है। जब वह आपको बताता है कि वह मुसलमान है तो आप उससे आगे यह नहीं पूछते है कि शिया है या सुन्नी, शेख है या सैय्यद, खटीक है या पिंजारा? जब वह बताता है कि वह सिख है तो आप उससे यह नहीं पूछते कि वह जट है या अरोड़ा, मजहबी है या रामदासी? लेकिन यदि कोई यह कहता है कि वह हिंदू है तो इतने से जवाब से आपको तसल्ली नहीं होती है आप उसकी जाति पूछने के लिए मजबूरी सी महसूस करते है और जब तक उसकी जाति के बारे में पता नहीं चलता, आपको चैन नहीं होता है। आखिर ऐसा क्यों है? यह इसलिए है कि हिंदुओं के बारे में जाति का इतना अधिक महत्व है कि इसकी जानकारी के बिना आपको विश्वास ही नहीं होता कि वह किस प्रकार का व्यक्ति है। जाति बंधन तोड़ने के नतीजों पर विचार करने से यह बात साफ हो जाती है कि हिंदू समाज में जाति का जो खास प्रभाव है वह गैरहिंदू समाज में नहीं है। सिखों व मुसलमानों में जातियां तो है लेकिन यदि कोई सिख या मुसलमान अपनी जाति की

सीमा या बंधनों को तोड़ता है तो उसका जाति से बहिष्कार (out caste) नहीं किया जाता है। सच तो यह है कि सिख या मुस्लिम समाज का सामाजिक बहिष्कार का दूर से भी वास्ता नहीं है लेकिन हिंदुओं के मामले में स्थिति बिल्कुल अलग है। हिंदू को यह अच्छी तरह पता होता है कि यदि उसने जाति के बंधनों को तोड़ा तो निश्चित रूप से उसे जाति से बाहर कर दिया जाएगा। इससे हिंदू व गैर हिंदुओं के लिए जाति के सामाजिक महत्व के बारे में पता चलता है। यह दोनों के बीच फर्क का दूसरा कारण है लेकिन एक तीसरा और अधिक महत्वपूर्ण फर्क भी है। गैर हिंदू समाजों में जाति कोई धार्मिक पवित्रता या उच्चता (religious consecration) नहीं रखती है लेकिन हिंदुओं में तो जाति का बड़ा धार्मिक महत्व है। गैर हिंदुओं में जाति एक पवित्र संस्था न होकर सिर्फ एक रिवाज या व्यवहार है, वे जाति का एक धार्मिक आदेश (sacred institution) नहीं मानते। उन्होंने जातियों की उत्पति नहीं की इसलिए उनके लिए यह मात्र अस्तित्व है। वे जाति को धार्मिक रूढ़िवादिता (dogma) नहीं मानते। धर्म हिंदुओं को जातियों के अलग बाड़ों व अलगाव (isolation and segragation) को हिंदू समाज की अच्छाई मानने पर मजबूर करता है लेकिन गैरहिंदुओं को धर्म इस तरह से मजबूर नहीं करता। यदि कोई हिंदू जाति छोड़ना चाहे या सीमाओं को तोड़ना चाहे तो उसका धर्म आड़े आकर रूकावट बनता है लेकिन गैरहिंदू के लिए ऐसा नहीं होगा। इसलिए हिंदू यह जाने बिना कि गैरहिंदुओं के जीवन में जाति का क्या स्थान है और क्या उनमें सामाजिक भावना को जाति की भावना से ऊपर ले जाने वाले ऑर्गेनिक फिलामेंट्स उस समाज में है या नहीं यह जानने की जरूरत समझे बिना कि गैरहिंदुओं में भी जातियां है, इस बात से हिंदुओं को खुश होना बहुत खतरनाक भ्रम है। हिन्दू जितना जल्दी इस दिमागी भ्रम (delusion) से छुटकारा पा लें, उतना ही अच्छा है।

हिंदुओं का दूसरा वर्ग जोरदार इन्कार करता है कि हिंदुओं के लिए जातिप्रथा कोई समस्या है। ऐसे लोग संतोष व्यक्त करते है। उनका मानना है कि अभी तक हिंदुओं का अस्तित्व बना हुआ है, वे इसे हिंदू समाज का अस्तित्व बनाए रखने के लिए प्रमाण मानते है। प्रो. एस. राधाकृष्णन ने अपनी किताब 'जीवन का हिन्दू दृष्टिकोण' में इसे बहुत अच्छी तरह से प्रस्तुत किया गया है। हिंदू धर्म के संबंध में वह कहते है कि हिंदू सभ्यता बहुत प्राचीन सभ्यता है इसका इतिहास चार हजार वर्ष से भी अधिक पुराना है और उस समय भी यह समाज सभ्यता की स्थिति तक पहुंच चुका था। तब से आज तक इस सभ्यता की तेजी में कभी कभी कुछ रूकावटें जरूर आई लेकिन फिर भी इसकी सभ्यता की गति आज तक जारी है। इन चार-पांच हजार वर्षो के दौरान आध्यात्मिक विचारों व अनुभवों के दबाव व छिनाझपटी के तनाव (strain and stress) को इस सभ्यता ने झेला है। हालांकि इतिहास की शुरूआत से ही भारत में विभिन्न वंशों, सभ्यताओं व संस्कृतियों के लोग आते रहे हैं लेकिन हिन्दुत्व की विशिष्टता (supermacy) कायम रही, और यहां तक कि राजनैतिक शक्तियों की मदद से धर्म परिवर्तन कराने वाले धर्म व पंथ भी

हिंदुओं को अपने विचार मनवा लेने के लिए मजबूर नहीं कर सकें। हिंदू सभ्यता में कोई जीवन शक्ति जरूर है जो अन्य ज्यादा मजबूत प्रभावों को भी बेअसर कर देती है। हिंदू सभ्यता की चीड़फाड़ कर पता लगाना कुछ ऐसा ही होगा, जैसे किसी पेड़ को सिर्फ यह देखने के लिए काट देना कि इसमें अभी भी रस बह रहा है या नहीं।

इस विषय में प्रो. राधाकृष्णन का बड़ा नाम है इसलिए वह जो कुछ कहते है उसमें गंभीरता होती है और पाठकों के दिमाग पर गहरा असर डालते हैं। लेकिन मैं अपने मन की बात कहने से नहीं झिझकूंगा। मुझे आशंका है कि कहीं उनका कथन इस गलत विवाद का आधार न बन जाए कि केवल अस्तित्व (survival) के बने रहने की सच्चाई ही भविष्य में बने रहने या खत्म हो जाने का नहीं है बल्कि सवाल यह है कि वह समुदाय किस धरातल पर सम्मान से जीवित है? अस्तित्व में बने रहने के कई तरीके है लेकिन सभी एक जैसे सम्मानजनक नहीं है। हर व्यक्ति व समाज के लिए जीवित रहने (living) और सम्मान व मूल्यों के साथ जीवित रहने (living worthly) के बीच जमीन आसमान का अंतर है। किसी युद्ध में कड़ा मुकाबला करके गौरवपूर्ण जीवन जीना एक ढंग है। युद्ध में पराजित होना, आत्म समर्पण करना और एक बंदी का जीवन गुजारना भी जीने का एक ढंग है। हिंदुओं के लिए यह सोच कर प्रसन्न होना कि उनके समाज का अस्तित्व बचा रहा, बेकार की बात है। उन्हें विचार करना चाहिए कि उनके जीवित रहने यानी जीवन की गुणवत्ता (quality) क्या है? और यदि ऐसा विचार किया जाता है तो मुझे विश्वास है कि हिंदू लोग हिंदुत्व का अस्तित्व बने रहने की बात पर गर्व करना छोड़ देंगे। एक हिंदू का जीवन लगातार हारों की दास्तान है और जो कुछ उसको चिरस्थायी (everlasting) जीवन नजर आता है वह वैसा नहीं है बल्कि असल में ऐसा जीवन है निरंतर समाप्त हो रहा है। यह अस्तित्व में रहने का ऐसा ढंग है जिस पर कोई भी समझदार हिंदू शर्म महसूस करेगा और वह सच्चाई को मानने से नही डरेगा।

❍

20.

जातिभेद का किला कैसे टूटे?

मेरी यह दृढ़ मान्यता है कि जब तक आप अपने समाज का ढ़ांचा (social order) नहीं बदलते तब तक आप प्रगति नहीं कर सकते, तब तक आप अपने समाज की आत्मरक्षा के लिए या आक्रमण के लिए संगठित नहीं कर सकते। सामाजिक व्यवस्था बदले बिना न तो राष्ट्र का निर्माण कर सकते है और न ही नैतिकता व सदाचार का निर्माण किया जा सकता है। जाति प्रथा की नींव पर आप जो कुछ भी निर्माण करोगे वह चटक जाएगा, टूटे बिना नहीं रह सकेगा और कभी भी एक परिपूर्ण नहीं हो पाएगा।

सिर्फ एक सवाल जो विचार करने के लिए बाकी है कि हिंदू सामाजिक व्यवस्था में सुधार कैसे लाया जाए और जाति-प्रथा को कैसे खत्म किया जाए? यह सबसे महत्वपूर्ण सवाल है। इस समस्या पर कुछ लोगों का मानना है कि जाति प्रथा के सुधार की दिशा में पहला कदम उठाया जाना चाहिए। वह है उपजातियों को खत्म कर दिया जाएं क्योंकि जातियों की तुलना में उपजातियों के बीच रहन सहन, व्यवहार व स्तर के लिहाज से आपस में अधिक समानता रहती है लेकिन मेरे विचार में यह गलत धारणा है। सामाजिक रूप से उत्तर तथा मध्य भारत के ब्राह्मण, दक्षिण भारतीय ब्राह्मण की अपेक्षा नीचे स्तर के हैं। पहले वाले ब्राह्मण खाना बनाने, पानी ढोने व भरने का काम करते है जबकि दक्षिण भारतीय ब्राह्मण समाज में ऊंचा स्थान रखते है।

दूसरी ओर इसका उल्टा नॉर्थ इंडियन वैश्यों तथा कायस्थों का बौद्धिक व सामाजिक स्तर साऊथ इंडियन ब्राह्मणों के बराबर ही है। फिर खान-पान के मामले में भी साऊथ इंडियन शाकाहारी ब्राह्मणों का नॉर्थ इंडियन कश्मीरी तथा बंगाली ब्राह्मणों में कोई समानता नहीं है क्योंकि साउथ इंडियन ब्राह्मण वेजेटेरियन तथा कश्मीर व बंगाल के ब्राह्मण नॉन वेजेटेरियन होते है। इसका उल्टा खान-पान के मामले में साउथ इंडियन ब्राह्मण, गुजराती, मारवाड़ी बनियों तथा जैनियों में अधिक समानता और निकटता मिलती है। इस प्रकार एक जाति से दूसरी जाति में मिश्रण को आसान करने के लिए नॉर्थ इंडिया के कामस्थों और साउथ इंडिया के अन्य गैर ब्राह्मणों का साउथ व द्रविड़ प्रदेशों गैर ब्राह्मण जातियों में मिला देना (fusion) अधिक सरल व व्यवहारिक है। हालांकि जातियों के मिलान में कई मुश्किलें है फिर भी यदि मिलान हो भी जाए तो इसकी क्या गारंटी है कि उपजातियां (sub caste) मिलकर एक हो जाने से जातियां समाप्त हो जाएगी। उपजातियों की समाप्ति के बाद यह प्रक्रिया चलने की संभावना नजर नहीं आती। इसका

उल्टा यह हो सकता है कि यह प्रक्रिया उपजातियों की समाप्ति पर ही रूक जाएं। यदि ऐसा होता है अर्थात जातियों तक पहुंचकर यह प्रक्रिया समाप्त हो जाती है तो इसका दुष्परिणाम यह होगा कि जातियां और भी अधिक शक्तिशाली (powerful) और नुकसानकारी (mischievous) हो जाएगी। इसलिए समस्या का यह समाधान न तो व्यवहारिक है और न ही कारगर। ऐसी दशा में यह समाधान गलत साबित होगा।

जाति प्रथा को खत्म करने का दूसरा समाधान यह बताया जाता है कि जातियों के बीच आपस में खान-पान शुरू किया जाए। लेकिन मेरे विचार में यह समाधान भी पूरी तरह से कारगार नहीं है क्योंकि कुछ जातियों में तो पहले से ही अन्तर्जातीय भोज का प्रचलन है लेकिन अनुभव यह बताता है कि ये अन्तर्जातीय भोज, जातीयता और जातिभेद की भावना को खत्म करने में सफल नहीं हो सके।

मुझे विश्वास है कि अन्तर्जातीय विवाह ही इसका असली इलाज है। रिश्तों के द्वारा रक्त के मिलाप से ही अपनापन और आपसी भाईचारे की भावना पैदा की जा सकती है और जब तक भाईचारे की यह भावना नहीं होगी, संबंधी होने तथा जुड़े होने की भावना (kith and Kin) सर्वोपरि नहीं होगी तब तक जाति द्वारा पैदा की गई अलगाव की भावना, पराया होने की भावना कभी दूर नहीं होगी। अन्य धर्मों की अपेक्षा हिंदुओं के सामाजिक जीवन में अन्तर्जातीय विवाह ज्यादा प्रभावशाली साबित होंगे। क्योंकि जिस समाज में पहले से ही दूसरे संबंधों के कारण खूब मेल मिलाप हो उनमें विवाह जीवन की एक साधारण सी घटना होती है। लेकिन जहां समाज कट-कट कर टुकड़े-टुकड़े हो चुका हो वहां विवाह एक एकता करने वाली शक्ति के तौर पर जरूरी है। इसलिए अन्तर्जातीय विवाह ही इस बीमारी का सही इलाज है। अन्य कोई और इलाज जातिप्रथा की कुरीति को मिटाने का काम नहीं कर सकता। आपके जाति-पांति तोड़क मंडल ने जातिप्रथा पर हमले का यही मार्ग अपनाया है, यह सीधा और सामने का (direct and frontal) हमला है। मैं आपको बधाई देता हूं कि आपने इस बीमारी को ठीक प्रकार से पहचाना है। हिंदुओं को यह बताने का आपने साहस किया है कि समाज में असली दोष क्या है, इसके लिए और भी बधाई देता हूं। सामाजिक अत्याचार या तानाशाही (social tyranny) के मुकाबले में राजनीतिक अत्याचार कुछ भी नहीं है इसलिए एक समाज सुधारक (reformer) जो समाज में गलत का विरोध करता है और सामना करता है उसे सरकार के खिलाफ बगावत करने वाले पॉलिटिशियन से कई अधिक साहस जुटाना पड़ता है।

हम कह सकते है कि आपने बीमारी की नब्ज पकड़ ली है और आपका मानना सही है कि जातियता का रोग तभी समाप्त हो पाएगा जबकि अन्तर्जातीय खानपान और जातियों के बीच आपस में विवाह एक आम रिवाज बन जाए। आपने बीमारी की जड़ का तो पता लगा दिया है लेकिन क्या आपके द्वारा बताए गए समाधान से इसका इलाज हो सकेगा? आप अपने आप

से भी यह पूछे कि क्या कारण है कि ज्यादातर हिंदू एक साथ शामिल भोजन करना पसंद नहीं करते और आपस में विवाह भी नहीं करते है? क्या कारण है कि आपका उद्देश्य पॉपुलर नहीं है? इसका जवाब यही है कि हिंदू जिन सिद्धांतों, विश्वासों और धार्मिक रिवाजों को पवित्र मानते है उनके अलावा आपस में खान-पान और अन्तरार्जातीय विवाह उनके लिए घृणा लायक कार्य है। जाति ईटों की दीवार या कांटेदार तारबंदी जैसी कोई भौतिक चीज नहीं है जो हिंदुओं को आपस में मेल मिलाप करने से रोकती है इसलिए इस रूकावट को गिरा देना चाहिए। जाति तो एक धारणा (notion), विश्वास अर्थात मानसिक स्थिति (state of mind) है। इसलिए जाति की समाप्ति का अर्थ किसी भौतिक रूकावट को दूर करना नहीं है बल्कि इसका अर्थ वैचारिक बदलाव (notional change) है।

जातिप्रथा बुरी हो सकती है, जातिवाद ऐसी मानसिकता को जन्म देती है जो मानवता के लिए घातक है, यह एक अमानवीय व्यवस्था है। लेकिन यह भी नहीं कहा जा सकता है कि हिंदू लोग जातिप्रथा को इसलिए मानते है कि वे निर्दयी (inhuman), खराब दिमाग के या मानवता के दुश्मन है। दरअसल वे इसलिए मानते है क्योंकि वे बहुत ज्यादा धार्मिक (deeply religious) है। इसलिए जात-पांत मानने के लिए लोग दोषी नहीं है मेरी नजर में दोषी उनका धर्म है जिसने जाति व्यवस्था को जन्म दिया। यदि यह सही है तो आपको जाति प्रथा के मानने वालों से न उलझकर, हिंदू शास्त्रों का विराध करना चाहिए क्योंकि यही उन्हें जात-पांत पर आधारित धर्म की शिक्षा देते है। अतः हिंदू समाज में रोटी-बेटी का संबंध न करने या अन्तर्जातीय भोज व विवाह न करने के लिए हिंदुओं का मजाक उड़ाना या उनकी आलोचना करना निरर्थक और उद्देश्यों की प्राप्ति के लिए अनावश्यक है। इसका सही इलाज तो यह है कि शास्त्रों पर से लोगों के विश्वास व भावनाओं (sanctity) को समाप्त कर दिया जाए। लोगों की धार्मिक आस्थाओं, विश्वासों व विचारों को दूषित रखना जारी रखा तो आप सफलता की आशा कैसे कर सकते हैं? शास्त्रों की मान्यता, पवित्रता व उनके नियमों के प्रति श्रद्धाभाव रखने की आज्ञा देना अर्थात उन पर एतराज नहीं करना और आप उन्हीं हिंदुओं की आलोचना करते है कि उनके विचार अमानवीय, विवेकहीन, तर्कहीन है तो यह सामाजिक सुधार का गलत व बेमेल ढंग है।

छुआछूत को खत्म करने के आंदोलन में लगे हुए महात्मा गांधी जैसे व्यक्ति भी यह महसूस नहीं करते कि लोगों के काम व व्यवहार उनके दिमागों में शास्त्रों के धार्मिक विश्वासों का परिणाम होते है, और जब तक शास्त्रों में उनकी आस्था खत्म नहीं हो जाती, उनका व्यवहार कभी नहीं बदल सकता। ऐसी स्थिति में यदि समाज सुधारकों के प्रयास सफल नहीं होते तो इसमें कोई ताज्जुब की बात नहीं है। और आपके जात-पांत तोड़क मंडल के सुधारक भी वहीं गलती करने जा रहे है इसलिए आपकी कोशिशों का भी वही नतीजा होने वाला है जो छुआछूत मिटाने वाले सुधारकों का हुआ। आपसी सहभोज और आपस में विवाह के आंदोलन चलाना व प्रचार कर

संगठित करना, हिंदुओं को जबरदस्ती घुट्टी पिलाने के समान है। लेकिन यदि आप स्त्रियों व पुरूषों को शास्त्रों की गुलामी से मुक्ति दिला दो, उनके दिमाग से शास्त्रों के नुकसानकारी प्रभाव हटा कर दिमाग साफ कर दो तो लोग आपको पूछे बिना अपनी इच्छा से ही अन्तर्जातीय भोज व अन्तर्जातीय विवाह अपनाने के लिए सहर्ष स्वीकार लेंगे।

दोहरी नीति अपनाने और टेढ़ी बातें करने से कोई लाभ नहीं है। लोगों को यह बताने से कोई लाभ नहीं है कि शास्त्रों में वैसा नहीं कहा गया है जैसा वे समझते है चाहे व्याकरण अनुसार पढ़ा जाए या तर्क के आधार पर अर्थ किया जाए। महत्व इस बात का है कि शास्त्रों को किन अर्थों में ग्रहण करते हैं। आपको गौतम बुद्ध की तरह कठोरता से खड़े होकर डटे रहना पड़ेगा। आपको वह कदम उठाना होगा जो गुरु नानक ने उठाया था। आपको सिर्फ यही नहीं करना है कि शास्त्रों को नजर अंदाज ही कर दिया जाए बल्कि बुद्ध व नानक की तरह आपको शास्त्रों को गलत भी कहना होगा, उनकी सत्ता व आदेशों को नकारना होगा। हिंदुओं को यह बताने की आपमें हिम्मत होनी चाहिए कि असली दोष आपके धर्म का है, वह धर्म जिसने आपमें जाति व्यवस्था के पवित्र होने की धारणा पैदा की। क्या आप इतना साहस जुटा पाएंगे।

21.

आखिर जाति व्यवस्था का नाश क्यों नहीं होता?

आपको अपनी सफलता की कहां तक आशा है सामाजिक सुधार कई तरह के होते है, पहला, जिसका संबंध लोगों की धार्मिक विचारों से नहीं होता है बल्कि वह शुद्ध रूप से धर्म निरपेक्ष होता है आम समस्याओं से होता है, जबकि कुछ सुधार धार्मिक विचारों या धर्म विशेष की समस्याओं से संबंधित होते हैं। ऐसे सुधार आगे दो प्रकार के होते है। इनमें एक सुधार धर्म के नियमों के अनुसार होता है और उन लोगों को मूल धर्म में वापस आने और उसका पालन करने के लिए आमंत्रित करता है, जो धर्म छोड़कर चले गए थे। दूसरा सुधार न केवल धार्मिक नियमों पर प्रभावकारी होता है बल्कि उन नियमों के बिल्कुल खिलाफ भी होता है। इनके समर्थक, लोगों को प्रेरित करते है कि वे उन धार्मिक सिद्धांतों को नहीं माने, आदेशों को नहीं माने (discard) और उनके विपरीत आचरण करें। जाति-व्यवस्था ऐसे ही कुछ धार्मिक विश्वासों का स्वाभाविक परिणाम है। जिन्हें शास्त्रों की मान्यता मिली हुई है। शास्त्रों को अलौकिक प्रतिभा सम्पन्न (supernatural wisdom) ईश्वर की प्रेरणा प्राप्त संतों के आदेश (divinely inspired sages) लिखे हुए है, वे संत चमत्कारिक बुद्धि के स्वामी थे इसिलए उनके आदेशों को नहीं मानना महापाप है। लोगों से जातिप्रथा को छोड़ने के लिए कहना अपना धर्म छोड़ने तथा महापाप करने के लिए कहने के समान है। जाति व्यवस्था को मिटाना एक ऐसा सुधार है जो तीसरे प्रकार का सुधार में आता है। सुधार का पहला व दूसरा मार्ग आसान है लेकिन तीसरे प्रकार का सुधार मुश्किल ही नहीं बल्कि लगभग असंभव है। हिंदू अपनी सामाजिक व्यवस्था को बहुत पवित्र (sacredness) मानते है और जातिप्रथा को ईश्वर के विधान का आधार (divine basis) मानी जाती है इसलिए जातियों से जुड़ी पवित्रता और ईश्वरीय विधान की भावना को खत्म करना बहुत जरूरी है। मेरे एनालाइसिस का अर्थ है कि आपको शास्त्रों व वेदों की प्रमाणिकता व मान्यता (authority) का नामोंनिशान मिटाना होगा।

मैंने जाति व्यवस्था को समाप्त करने के तरीकों व मार्गों पर इसलिए जोर दिया क्योंकि सही मार्ग को जानने के लिए सही तरीकों को जानना बहुत महत्वपूर्ण है। यदि आपको सही तरीकों व मार्गों के बारे में मालूम नहीं हो तो आपकी सारी कोशिशें असफल होगी। इस प्रकार इस समस्या का यदि मेरे निकाले हुए परिणाम सही है तो आपका काम बहुत मुश्किल (herculean) है। केवल आप ही कह सकते है कि आप इसमें सफलता हासिल करने के काबिल है या नहीं।

जहां तक मेरा सवाल है मैं तो इस काम को लगभग असंभव ही समझता हूं। आप यह जानना चाहोंगे कि मैं ऐसा क्यों सोचता हूं। इसके कई कारण है, सबसे पहला कारण है ब्राह्मणों का शत्रुतापूर्ण व्यवहार (hostility) जो वे इस समस्या के प्रति दिखाते आए है। ब्राह्मण देश के लगभग सभी राजनीतिक सुधार और कुछ आर्थिक सुधारों के आंदोलन का नेतृत्व करने वाले अगुआ रहते आए है। लेकिन जातियों के बंधनों को तोड़ने वाली फौज की लाइन में अगुआ तो छोड़ो सबसे पीछे भी खड़े नहीं दिखाई देते। क्या भविष्य में ब्राह्मणों से इस आंदोलन का नेतृत्व करने की आशा की जा सकती है? मैं कहता हूं कि नहीं। आप पूछ सकते है कि क्यों? आप कह सकते है कि हमेशा के लिए सामाजिक सुधारों से दूर भागने का ब्राह्मणों का कारण समझ में नही आता। और वे शायद अब आगे ऐसा नहीं (shun) करेंगे। आप यह भी कह सकते है कि ब्राह्मण यह अच्छी तरह जानते है कि जात-पांत हिंदुओं के लिए अभिशाप (bane) है और एक बुद्धिमान वर्ग के तौर पर वे इस अभिशाप के परिणामों के प्रति उदासीन नहीं रह सकते। कुछ लोग यह भी कह सकते है कि ब्राह्मणों में दो तरह के लोग होते है। पहले व जो पुरोहिताई करते है या सनातन धर्मी (priest) है, दूसरे ऐसे भी ब्राह्मण है जो पुरातनपंथी रूढ़िवादी नहीं है और धर्मनिरपेक्ष प्रगतिशील ब्राह्मण (secular) है। यदि पुरोहित पुरातनपंथी ब्राह्मण जातिव्यवस्था को तोड़ने के लिए तैयार नहीं होते तो आधुनिक सोच वाले ब्राह्मण जरूर इस आंदोलन में शामिल होंगे। आपके यह तर्क सुनने में बड़े ही आकर्षक, लुभावने व ग्रहण करने लायक लगते है लेकिन इन सभी तर्कों की बातों में यह भूला दिया जाता है कि जातिप्रथा के समाप्त होने से ब्राह्मणों का ही सबसे अधिक नुकसान होगा। तो क्या यह आशा रखनी चाहिए कि ब्राह्मण जाति प्रथा को खत्म करने वाले आंदोलन का नेतृत्व करेंगे? क्योंकि जातिप्रथा खत्म होने का अर्थ है ब्राह्मणों की शक्ति व सामाजिक प्रतिष्ठा का अंत होना। आप आधुनिक विचारों के ब्राह्मणों से आशा कर सकते हैं लेकिन क्या उनसे आशा करना सही है? क्योंकि जाति प्रथा खत्म करने का आंदोलन अपने ही भाई पुरोहित ब्राह्मणों के खिलाफ ही होगा?

ऐसी स्थिति में प्रगतिशील ब्राह्मणों से भी आशा करना बेकार है। दोनों ब्राह्मणों में फर्क ढूंढना व्यर्थ है। दरअसल दोनों ब्राह्मण एक ही जाति के अंश और नजदीकी रिश्तेदार (kith and kin) है। दोनों ब्राह्मण एक ही शरीर की दो भुजाओं की तरह है। यदि एक भुजा पर हमला किया जाएगा तो दूसरी भुजा इसकी रक्षा में जरूर उठेगी। इस बारे में मुझे प्रो. डाइसी की किताब 'इंग्लिश कॉन्स्टीट्यूशन' में लिखी एक महत्वपूर्ण बात याद आती है। संसद के कानून बनाने वाली सर्वोच्च सत्ता पर वास्तविक पाबंदी की बात करते हुए प्रो. डाइसी ने लिखा है, " किसी भी शासक की प्रभुसत्ता (authority) को अपने अधिकारों के प्रयोग में दो रूकावटों का सामना करना पड़ता है। इनमें से एक अंदरूनी रूकावट है और दूसरी बाहरी (internal and external limitation)। किसी प्रभुसत्ता की बाहरी सीमा इस बात की संभावनाओं पर निर्भर करती है कि

उसकी प्रजा या प्रजा के अधिकतर लोग उसके आदेशों व कानूनों की अवहेलना यानी कानूनों को तोड़ेंगे या उनको लागू करने में रूकावट डालेंगे। इसके विपरीत आंतरिक प्रभुसत्ता स्वयं शासक की शक्ति के स्वरूप व प्रकृति से पैदा होती है। यहां तक कि सभी अधिकार अपने कब्जे में करने वाला निरंकुश शासक (despot) भी अपनी शक्ति का प्रयोग अपनी परिस्थितियों के अनुसार करता है जिनमें वह रहता है और उसकी शक्ति तथा प्रकृति का निर्माण उसके समाज की परिस्थितियों व नैतिक मूल्यों पर निर्भर रहता है।

सुल्तान यदि चाहता तो भी मुसलमानों का धर्म नहीं बदला जा सकता था। लेकिन यदि वह ऐसा कर भी सकता था तो भी यह कतई संभव नहीं था कि मुस्लिम धर्म का प्रमुख मुस्लिम धर्म को ही खत्म करने की इच्छा करता। इस प्रकार सुल्तान की शक्ति के प्रयोग पर आंतरिक रूकावट भी उतनी ही शक्तिशाली थी जितनी कि बाहरी। कुछ लोग कभी-कभी निरर्थक (idle) सवाल करते है कि पॉप फलां सुधार क्यों नही लागू करते? इसका उत्तर यह है कि क्रांतिकारी विचारधारा के लोग पोप नहीं बना करते, और जो व्यक्ति पोप बनते है उनमें क्रांतिकारी बनने की इच्छा नहीं होती।" मेरे विचार से प्रो. डाइसे का यह कथन भारतीय ब्राह्मणों पर भी उतना ही लागू होता है और कोई भी व्यक्ति कह सकता है कि यदि पोप बनने वाले व्यक्ति में क्रांतिकारी बनने की इच्छा नहीं होती तो ब्राह्मण के घर में जन्म लेने वाले व्यक्ति में तो उससे भी कम होती है। सच्चाई यह है कि सामाजिक सुधार के मामले में किसी ब्राह्मण से क्रांतिकारी बनने की आशा रखनी उतनी ही बेकार है जितनी कि लेस्ली स्टीफन ने ब्रिटिश पार्लियामेंट से ऐसा कानून पास करने के लिए कहा था कि नीली आंखों वाले सभी बच्चों की हत्या कर दी जाए।

आप में से कुछ लोग यह कहेंगे कि यह ज्यादा चिंता की बात नहीं है कि ब्राह्मण जाति व्यवस्था के खिलाफ आंदोलन का नेतृत्व करने के लिए आगे आते है या नहीं। मेरी राय में यह नजरिया अपनाना किसी समाज के बुद्धिजीवी वर्ग (intellectual class) के प्रभाव की ओर ध्यान नहीं देना है। चाहे आप यह स्वीकार करें या न करें कि महान पुरूषों द्वारा इतिहास का निर्माण होता है लेकिन आपको यह तो जरूर मानना पड़ेगा कि हर देश में बुद्धिजीवी वर्ग यदि समाज को नियंत्रित करने वाला या शासन करने वाला वर्ग भले ही नहीं हो लेकिन वह काफी हद तक समाज को प्रभावित करने वाला जरूर होता है। बुद्धिजीवी वर्ग ही भविष्य को देखकर समाज को उचित मार्गदर्शन व नेतृत्व प्रदान कर सकता है। किसी भी देश की बहुसंख्यक जनता विवेकशील, विचारशील तथा क्रियाशील नहीं होती है। यह अधिकतर बुद्धिजीवी के बताए मार्ग पर ही चलने वाली होती है। यह कहने भी कोई अतिश्योक्ति नहीं होगी कि देश का भविष्य उसके बुद्धिजीवी वर्ग पर निर्भर करता है। यदि बुद्धिजीवी वर्ग ईमानदार, स्वतंत्र और निष्पक्ष (honest, independent and disinterested) हो तो उस पर भरोसा किया जा सकता है कि देश में संकट के समय स्वप्रेरणा व विवेक से समाज को उचित नेतृत्व प्रदान करेगा।

बुद्धिजीवी वर्ग के इस महत्व के साथ विचार करने वाली बात यह भी है कि बुद्धिजीवी अपने आप मे कोई सद्गुण (virtue) नहीं है, यह तो एक साधन मात्र (means) है और यह बुद्धिजीवी व्यक्ति पर निर्भर करता है कि वह इस साधन अर्थात अपनी बुद्धि का प्रयोग किस उद्देश्य की पूर्ति के लिए करता है। बुद्धिजीवी व्यक्ति अच्छा व्यक्ति हो सकता है लेकिन साथ ही वह दुष्ट (rogue) भी हो सकता है। इसी प्रकार बुद्धिजीवी वर्ग उच्च विचारों वाले लोगों का वर्ग भी हो सकता है जो हमेशा दुखी पीड़ित मानव के कल्याण के लिए तैयार रहता है। दूसरी ओर बुद्धिजीवी वर्ग कुटिल व बदमाश लोगों का गिरोह (gang of crooks) भी हो सकता है या अपने स्वार्थ के खातिर गिरोह के लोगों का समर्थक का रूप भी ग्रहण कर सकता है। भारत के संबंध में यह एक विडम्बना ही कही जाएगी कि यहां का बुद्धिजीवी वर्ग ब्राह्मण जाति का ही दूसरा नाम है। आप अफसोस कर सकते है कि यह दोनों एक ही है यानी ब्राह्मण व बुद्धिजीवी वर्ग एक दूसरे के पर्याय बने हुए हैं। यह भी कि भारत में बुद्धिजीवी वर्ग सिर्फ एक ब्राह्मण जाति तक सिमट कर रह गया है। इस कारण से भारत का बुद्धिजीवी वर्ग देश के हितों का पहरेदार बनने की बजाय अपनी जाति की इच्छाओं व हितों का पहरेदार (costodian) बनने में ज्यादा रूचि रखता है। यह बहुत ही दुखदायी बात है लेकिन सच्चाई यही है। भारत का ब्राह्मण हिंदुओं का बुद्धिजीवी वर्ग तो ही, इसके अलावा बाकी हिंदू लोग भी इनका बहुत आदर सम्मान करते हैं। हिंदुओं को यह हमेशा यह सिखाया जाता है कि ब्राह्मण 'भूदेव' यानि पृथ्वी का देवता (gods of earth) है और सिर्फ ब्राह्मण ही उनके गुरु हो सकते हैं। शास्त्रों में कहा गया है 'वर्णानाम ब्राह्मणे गुरु'। ब्राह्मणों के संबंध में मनु का कहना है

अनाम्नातेषु धर्मषु कथं स्यारिति चेद्भवेत।
यं शिष्टा ब्राह्मणा ब्रूयुः सधर्म स्यादशंकितः।।

यदि यह पूछा जाए कि धर्म के उन विषयों में क्या किया जाएगा जिनके बारे में खास तौर से व्याख्या नहीं की गई या ज्यादा नहीं बताया नहीं गया है तो उत्तर यह है कि चूंकि ब्राह्मण श्रेष्ठ है इसलिए ऐसे विषयों पर ब्राह्मण जो भी फैसला करेगा वही कानूनी शक्ति होगा। यानी सभ्य ब्राह्मण जो कह दे वही धर्म होगा, इस प्रकार ब्राह्मणों का वचन सत्य धर्म (legal forces) होता है।" जब ऐसा बुद्धिजीवी वर्ग जिसने शेष हिंदू समाज पर नियंत्रण कर रखा है और जो जाति प्रथा को तोड़ने के आंदोलन का विरोधी हो तो आंदोलन की सफलता की संभावना बहुत कम रह जाती है।

जात-पांत तोड़क मंडल के आंदोलन की सफलता में शक होने का दूसरा कारण स्पष्ट करने से पहले यह बताना जरूरी है कि जाति प्रथा के दो पक्ष होते है। पहले पक्ष में यह समाज को अलग-अलग समुदायों (communities) में बांटती है और दूसरे पक्ष में उन समुदायों को

उनकी सामाजिक हैसियत व रूतबे (social status) के अनुसार एक दूसरे के ऊपर श्रेणियों में व्यवस्थित करती है जिसमें एक से दूसरी जाति का सामाजिक स्तर ऊंचा या नीचा घोषित किया जाता है। इस व्यवस्था में हर जाति को यह संतोष व गर्व (consolation and pride) होता है कि वह किसी न किसी जाति से ऊंची है। जातियों के इस तरह के दर्जेवार बंटवारे के कारण बाहरी लक्षण के रूप में सामाजिक और धार्मिक अधिकार (right) जिनको शास्त्रों के अनुसार अष्टाधिकार और संस्कार कहा जाता है, को भी श्रेणियों में बांटा गया है। जिस जाति का दर्जा जितना ऊंचा होगा, उसे उतने ही अधिक अधिकार और जिसका दर्जा नीचे होगा उसे उतने ही कम अधिकार प्राप्त होंगें। जातियों की यह ऊंच-नीच की व्यवस्था जाति तोड़कों के लिए उन्हें किसी संयुक्त मोर्चे के रूप में संगठित नहीं होने देती। यदि कोई जाति अपने से ऊंची जाति के साथ रोटी-बेटी का संबंध करने का दावा करती है तो जाति के पोषक धूर्त, शरारती व चालाक लोग (mischief mongers) उसे रोकते हुए फौरन यह कह देते है कि ऐसा करने से पहले उस जाति को पहले अपने से नीची जाति के साथ रोटी-बेटी का संबंध करने के लिए तैयार रहना चाहिए। ऐसे शरारती धूर्त लोगों में ब्राह्मणों की ही संख्या अधिक होती है। इस प्रकार हिंदू धर्म में सभी लोग जातिप्रथा के गुलाम है लेकिन सभी गुलाम अपनी सामाजिक प्रतिष्ठा के एक जैसे नहीं है, बराबर नहीं है।

कार्ल मार्क्स ने अपने समय के मजदूर सर्वहारा वर्ग को क्रांति के लिए प्रेरित करते हुए कहा था, "आपके पास खोने के लिए कुछ नहीं है सिवाय अपनी गुलामी की बेड़िया (chains) ही खोनी है" लेकिन भारत की इस जाति व्यवस्था ने गुलामी की बेड़ियों को इतनी चालाकी व खूबसूरती के साथ (artful way) सामाजिक व धार्मिक अधिकारों का रूप दे दिया गया है कि यहां कार्ल मार्क्स का यह क्रांतिकारी नारे का आह्वान भी बेकार हो जाता है क्योंकि यहां हर जाति को अपने से नीची जाति की तुलना में विशेष व अधिक मिले होते है जिन्हें खोने का डर रहता है। यहां की जातियां प्रभुसत्ता (sovereignties) की ऊपर व नीचे अर्थात श्रेष्ठ व बदतर की व्यवस्था में होती है उनमें कोई ऊंची है तो कोई नीची इसलिए इस श्रेष्ठता क्रम में हर जाति अपनी जाति व उसके सामाजिक स्तर की रक्षा के प्रति चिंतित रहती है। वे जानती है कि यदि जाति को खत्म कर दिया गया तो उनमें से कुछ जातियों को प्रतिष्ठा, अधिकारों व शक्ति (prestige and power) के लिहाज से दूसरी जातियों से अधिक नुकसान होगा। इसलिए जातिप्रथा के खिलाफ एक सेना की तरह जोरदार हमले में सभी हिंदुओं के शामिल होने की आशा नहीं कर सकते।

22.

हिंदू धर्म शास्त्र तर्क, विवेक और नैतिकता से दूर क्यों?

क्या हिंदुओं से यह उम्मीद की जा सकती है कि तर्क की कसौटी पर खरी न उतरने के कारण वे जातिप्रथा को मिटाने के लिए तैयार रहेंगे? सवाल उठता है कि क्या कोई हिंदू अपनी तर्क शक्ति के अनुसार चलने के लिए आजाद है? मनु ने हर हिंदू के दैनिक व्यवहार के लिए तीन आदेश दिए है जिनके अनुसार हर हिंदू को आचरण करना जरूरी है। वेदः स्मृति: सदाचार : उ उवस्य च प्रियमात्मनः अर्थात हिंदू को क्रम से वेद, स्मृति तथा सदाचार के नियमों का पालन करना चाहिए। इसके अलावा कोई रास्ता नहीं है। इस प्रकार हिंदुओं के जीवन में विवेक व तर्क का कोई स्थान नहीं है। जब कभी वेद और स्मृति में लिखे शब्दों के अर्थों के संबंध में कोई शंका या सवाल पैदा हा तो इनका ठीक अर्थ कैसे समझा जाए। इस महत्वपूर्ण सवाल पर मनु की आज्ञा स्पष्ट है, वह कहता है-

योऽवमन्यते ते मूले हेतुशास्त्राश्रयात् द्विजः।
स साधुभिर्बहिष्कार्यो नास्तिको वेदनिंदकः॥

अर्थात जो व्यक्ति वेदों और स्मृतियों में लिखी बातों पर तर्क करते है और उनका आदर नहीं करते है तो अच्छे साधु लोगों को चाहिए कि वे ऐसे वेद विरोधियों और नास्तिकों (atheists) का सामाजिक बहिष्कार कर दंड़ित करें।

मनु के इस नियम के अनुसार वेदों व स्मृतियों का अर्थ करने या समझने में तर्क (rational) का सहारा लेना पूरी तरह से निदंनीय व प्रतिबंधित है। इसे बहुत ही पाप का काम समझा गया है जैसे कि नास्तिक होना। इसलिए हिंदू के लिए तर्क या विवेक का प्रयोग करने की आज्ञा नहीं है। मजेदार बात तो यह है कि यदि वेदों व स्मृतियों के किसी ऐ ही विषय पर परस्पर विरोधी निर्देश हो, कोई टकराव हो, तो भी हिंदू को इस बात की आजादी नहीं हैं कि ऐसी स्थिति में वह अपनी बुद्धि व विवेक का प्रयोग करके परस्पर विरोधी निर्देशों में से अपने लिए उचित निर्देश को मान लें। ऐसी स्थिति में भी मनु ने स्पष्ट आदेश दिए है कि जब किसी विषय पर दो श्रुतियों में विरोध हो तो दोनों का बराबर मान्यता देनी चाहिए और दोनों में से किसी एक का पालन किया जा सकता है। इसमें यह दिमाग लगाने की जरूरत नहीं है कि उन दोनों में से कौनसी तर्क की कसौटी पर खरी उतरती है। बस, बिना सोच विचार के मान लो। इस बात को मनु ने आगे स्पष्ट करते हुए कहा है - श्रुतिद्वैषं

तु यत्र स्यात्तत्र धर्वावुधौ स्मृतौ। अर्थात श्रुति और स्मृति में कोई विरोधाभास या टकराव हो तो वहां श्रुति को प्रामाणिक माना जाएगा और श्रुति की आज्ञा ही मान्य होगी। यहां भी कोई तर्क करने की जरूरत नहीं है कि दोनों में से कौन ठीक है। इसका उल्लेख मनु ने इस प्रकार किया है

या वेदबाह्या: स्मृतयो याश्च काश्च कृदृष्ट:।
सर्वास्ता निष्फला: प्रेत्य: तमोनिष्ठा हित: स्मृत:॥

जो स्मृतियां बुरी है और वेदों पर आधारित नहीं है तो उनको बेकार समझो, वह केवल अज्ञानता पर आधारित है। इसके अलावा यदि स्मृतियों में विरोध हो तो मनुस्मृति को ही माना जाएगा। लेकिन यहां फिर यह जानने की कोशिश नहीं की जाएगी इन दोनों में से कौनसी तर्क पर खरी उतरनी है और सही है। इस संबंध में बृहस्पति द्वारा दी गई व्याख्या इस प्रकार है। -

वेदायत्वोयानिबधृत्वत प्रमाण्यं हि मनो: स्मृतं।
मन्वथविपरीता तु या स्मृति: सा न शस्यते॥

अर्थात जिन विषयों पर श्रुति या स्मृति में कोई स्पष्ट निर्देष उपलब्ध है उन पर कोई हिंदू अपने तर्क व विवेक का प्रयोग करने के लिए स्वतंत्र नहीं है। यही व्यवस्था महाभारत में भी दी गई है जिसमें लिखा है-

पुराणं मानवो धर्म: सांगो वेदश्चिकित्सित।
आज्ञासिद्धनि चत्वारि न इन्तव्यानि हेतुभि:॥

अर्थात पुराण, मनु के उपदेश, छः अंगों सहित वेद और हिकमत ये चार निर्देशों की तरह है इनके बारे में तर्क नहीं करना चाहिए। हिंदुओं को इन निर्देशों का पालन करना ही होगा। जाति और वर्ग ऐसे विषय है जिन पर वेदों और स्मृतियों में व्याख्या की गई है और इसके बावजूद भी यदि किसी हिंदू से तर्क करते का आग्रह किया जाए तो उस पर कोई फर्क नहीं पड़ेगा। जहां तक जाति व वर्ण का सवाल है, शास्त्र इस पर फैसला करने के लिए किसी हिंदू को विचार करने के लिए कभी अनुमति नहीं देते यहां तक कि यह व्यवस्था भी की गई है कि उसे जाति और वर्ण के विश्वास के आधार को तर्क की कसौटी पर कसने का मौका ही न मिले। गैर हिंदुओं के लिए यह आश्चर्य आनंद (amusement) का विषय हो सकता है कि लाखों हिंदू विशेष अवसरों पर जाति-व्यवस्था को तोड़ते है जैसे रेल में सफर के समय, विदेश यात्रा के समय और बाद में शेष जीवन में जाति को कायम रखने की कोशिश करते रहते है। यदि इस अवधारणा की व्याख्या की जाए तो मालूम होगा कि हिंदुओं के विवेक व तर्कशक्ति पर एक और ताला भी लगा हुआ है। मनुष्य का जीवन सामान्य तौर पर आदतन और बिना विचार वाला (habitual and unreflective) होता है। यानी अपने जीवन के अधिकतर काम बिना सोचे विचारे ही करता है किसी धर्म, विश्वास, काल्पनिक व्यवस्था

या ज्ञान का समर्थन करने और जिन परिणामों की ओर उसकी प्रवृति है उनकी सहायता देने वाले सक्रिय एवं सजग विचार बहुत कम और केवल धर्म संकटों मे ही किया जाता है। रेल्वे का सफर और विदेश यात्रा किसी हिंदू जीवन में धर्म संकट होते है।

स्वभाविक तौर पर एक हिंदू को खुद से यह सवाल पूछना चाहिए कि जातिप्रथा के बंधनों का पालन यदि दैनिक जीवन में हर समय नहीं किया जा सकता है तो इनसे क्यों बंधे रहना चाहिए? लेकिन वह सवाल नहीं करता है वह आए दिन एक जगह जाति नियमों को तोड़ता है और बिना संकोच वह दूसरी जगह या अवसर पर मानने लगता है। इस हैरान कर देने वाले व्यवहार का कारण है, शास्त्रों में इस संबंध में दिए गए नियम जो उसे अपनी सुविधा के अनुसार जब चाहे जाति व्यवस्था का पालन करने के निर्देश देते है और पालन न करने की स्थिति में प्रायश्चित करने की व्यवस्था देते हैं। इस प्रकार प्रायश्चित के इस सिद्धांत से शास्त्रों ने जो समझौते की भावना का मार्ग पकड़ा है उसने जातिप्रथा के लिए एक संजीवनी (perpetual lease) का काम किया है और जाति अभी तक कायम है। इससे चिंतनशील विचारों की अभिव्यक्ति का तो मानो गला ही घोंट दिया नहीं तो इन चिंतनशील विचारों द्वारा जाति की अवधारणा ही मटियामेट हो जाती है।

ऐसे बहुत सारे लोग हुए है जिन्होंने जाति प्रथा और छुआछूत को खत्म करने के लिए काम किया। इनमें से जिनका गर्व से जिक्र किया जा सकता है उनमें कबीर, रामानुज व अन्य का नाम उभर कर आते है। क्या आप इन समाज सुधारकों के कामों का समर्थन कर सकते है और हिंदुओं को इनके विचारों व बताए मार्ग पर चलने के लिए समझा सकते हैं? यह सच है कि मनु ने श्रुति और स्मृति के साथ अनुशासित के रूप में सदाचार को भी शामिल कर दिया। वास्तव में सदाचार को शास्त्रों से ऊंचा स्थान दिया गया है। -

यद्यद्दाचर्यते येन धर्म्य वाऽधर्म्यमेव वा।
देशस्याचरणं नित्यं चरित्रं त द्वि कीर्तितम्॥

अर्थात अपने अपने देश परिवेश में कोई व्यक्ति जो सही गलत तरीका अपनाता है उसको सदाचार कहते हैं। श्लोक के अनुसार सदाचार का पालन जरूर अपनाना चाहिए चाहे वह धर्म हो या अधर्म शास्त्रों के अनुसार हो या खिलाफ। लेकिन सदाचार का अर्थ क्या है? यदि कोई यह समझे कि सदाचार सही और अच्छे, भले काम है (right or good acts), जैसे भले और सज्जन लोगों के काम तो ऐसा समझना भारी गलती होगी। सदाचार का अर्थ नेक या अच्छे काम या नेक या सज्जन लोगों के काम नहीं है। सदाचार का अर्थ है प्राचीन रूढि या प्रथा, चाहे उचित हो या अनुचित। इस श्लोक में यह स्पष्ट है -

पास्मिन देशे य आचारः पारम्पर्यक्रमागतः।
वर्णानां किल सर्वेषां स सदाचार उच्चते॥

अर्थात किसी देश में सभी जातियों के परम्परागत रिवाज व तौर तरीके चले आते है उनको सदाचार कहा जाता है।

स्मृति में हिंदुओं को यह साफ आदेश दिया गया है कि यदि देवताओं के कार्य भी श्रुति व स्मृति के विपरीत है तो उनका पालन नहीं किया जाना चाहिए। मानों लोगों को इसलिए सचेत किया गया है कि कहीं ऐसा न हो कि भले काम और भले लोगों के कामों को ही सदाचार समझ लें और इस डर से भी कि कहीं लोग सदाचार का अर्थ यही समझ कर भले लोगों का अनुसरण करने लगे। स्मृतियों, शास्त्रों में हिंदुओं को स्पष्ट शब्दों में आदेश किया है कि वे देवताओं के भी अच्छे कामों का अनुसरण नहीं करें, यदि वे स्मृति व श्रुति और सदाचार के खिलाफ हों। हो सकता है कि यह बात सुनने में बहुत अजीब लगे, बहुत ही विकृत (pervers) लगे, लेकिन यह सच है कि शास्त्रों का हिंदुओं को आदेश है -

न देव चरितं चरेत्।

किसी भी सुधारक के शास्त्रागार में तर्क और सदाचार (नैतिकता) दो शक्तिशाली हथियार होते हैं और उसे इनके प्रयोग से रोक देना उसे काम करने के अयोग्य (निष्क्रिय) करने जैसा है। जब लोगों को यह सोचने की स्वतंत्रता ही नहीं है कि क्या यह तर्क और बुद्धि के अनुसार है या नहीं तो आप जाति को कैसे समाप्त कर तोड़ पाएंगे। आप जाति के तर्क व नीति पर ही विचार करने के लिए स्वतंत्र नहीं है तो जाति को कैसे खत्म कर पाएंगे? जाति के चारों ओर जो दीवार बनाई गई उसे तोड़ना कतई संभव नहीं है वह अभेद्य (impregnable) है और जिस सामग्री से यह दीवार बनाई गई है उसमें तर्क और सदाचार जैसा कोई ज्वलनशील चीज नहीं है जो इसे जला सके। इस सच्चाई के साथ इसमें यह बात भी जोड़ दी जिए इस मजबूत दीवार के पीछे उन ब्राह्मणों की सेना खड़ी है जो समाज का बुद्धिजीवी वर्ग कहलाता है। ब्राह्मणों ने हिंदु समाज का नेतृत्व सहज व प्राकृतिक तौर पर हथियाया हुआ है यहां कोई भाड़े के लाए हुए सिपाही (mercenary) नहीं है वे अपनी मातृभूमि के लिए मर मिटने वालों की फौज है।

अब आप समझ सकते हैं कि मैं क्यों ऐसा सोचता हूं कि हिंदुओं में जाति की दीवार को तोड़ना लगभग असंभव क्यों हैं। किसी भी स्थिति में इस व्यवस्था को तोड़ने में कई युग (ages) बित जाएंगे। इस काम को पूरा करने में देरी लगे या चाहे जल्दी किया सके, लेकिन आपको यह नहीं भूलना है कि यदि आपको दरार (breach) बनानी है तो आपक उन वेदों और शास्त्रों को बारूद के गोले (dynamite) से उड़ा देना होगा जो तर्क व नैतिकता को नहीं मानते है। आपको श्रुतियों और स्मृतियों के धर्म को तबाह (destroy) करना होगा जो सदाचार को स्वीकार नहीं करते हैं। इससे ज्यादा कहने से कोई लाभ नहीं है। इस मामले में यह मेरा अच्छी तरह से सोच-विचार का दृष्टिकोण है।

23.

धर्मशास्त्रों में सुधार की जरूरत क्यों?

हो सकता है कि कुछ लोग शायद यह नहीं समझ सकें हों कि धर्म को तबाह करने का मेरा क्या अभिप्राय है? कुछ लोगों की नजर में मेरा यह विचार विद्रोही (revolting) और कुछ के लिए क्रांतिकारी हो सकता है इसलिए मुझे अपने पक्ष को दृष्टिकोण स्पष्ट करने की जरूरत है। पता नहीं आप लोग सिद्धांतों और नियमों (principles and rules) में कोई फर्क मानते है या नहीं लेकिन मैं जरूर मानता हूं। मैं इनमें फर्क ही नहीं मानता इस फर्क को वास्तविक और महत्वपूर्ण भी मानता हूं। नियम व्यवहारिक (practical) होते है जो निश्चित आदर्शों के अनुसार व्यक्ति के आदतन आचरण को दर्शाते हैं, जबकि सिद्धांत बौद्धिक होते है जो चीजों को परखने के उपयोगी साधन है। ये नियम व्यक्ति को यह बताते है कि किस काम को करने के लिए कौनसी विधि या तरीका या साधन अपनाया जाना चाहिए। सिद्धांत काम की कोई निश्चित विधि निर्धारित नहीं करते। खाना पकाने की विधि की तरह नियम भी हमें यह बताते है कि क्या किया जाए और कैसे किया जाए। इसके विपरीत, न्याय के सिद्धांतों की तरह, सिद्धांत मुख्य मुद्दे के बारे में बताता है जिसके लिए उसे अपनी इच्छा व उद्देश्य (desires and purposes) की दिशा पर विचार करना होता है। सिद्धांत ही व्यक्ति को मार्गदर्शन कर बताते है कि किसी बात पर विचार करते समय किन महत्वपूर्ण बातों को ध्यान में रखना चाहिए।

नियमों और सिद्धांतों के इस फर्क के कारण ही सम्पन्न हुए कार्य की क्वालिटी और विषयवस्तु (content) का फर्क स्पष्ट हो जाता है। नियमों के अनुसार कोई अच्छा काम करना, सिद्धांतों के अनुसार अच्छा काम करने से अलग होता है। सिद्धांत गलत होते हुए भी इसके तहत किया गया काम जिम्मेदारी, चेतना तथा महत्व का हो सकता है। इसी तरह नियम सही हो सकता है और इसके तहत किया गया काम या क्रिया मशीनी (machanical) होता है। कोई धार्मिक गतिविधि या क्रिया सही क्रिया न भी हो लेकिन इस क्रिया की जिम्मेदारी होनी चाहिए। इस जिम्मेदारी के कारण ही वह धार्मिक कर्म सिद्धांत के अंदर ही माना जाएगा, इसे नियम नहीं माना जा सकता और ज्योंही यह क्रिया बिगड़कर नियम में बदल जाती है तो इसका धार्मिक रूप समाप्त हो जाता है, क्योंकि नियम के रूप में, धर्म का जिम्मेदारी वाला आवश्यक तत्व इसमें से समाप्त हो जाता है।

हिन्दू धर्म क्या है? क्या यह सिद्धांतों का समुह (set of principles) है या नियम कानूनों

का संग्रह (code of rules)? वेदों और स्मृतियों में बताए अनुसार तो हिन्दूधर्म पशुओं की बलि, सोशल, पोलिटिकल तथा साफ सफाई के नियमों व बंधनों का ढेर मात्र है। सब खिचड़ी की तरह है। हिंदू जिसको धर्म कहते है वह और कुछ नहीं सिर्फ आदेशों और बंधनों (commands and prohibitions) का पुलिंदा मात्र है। हिंदू धर्म वह वास्तविक धर्म है ही नहीं जिसमें आध्यात्मिक सिद्धांत हो तथा विश्व के सभी समुदायों के लिए हर समय, हर काम के लिए (universal) उपयोगी हो। ये तत्व हिन्दू धर्म में मौजूद ही नहीं है, और यदि थोड़े है भी तो हिंदुओं के जीवन में वह कोई निर्णायक भूमिका (govening part) नहीं निभाते है। हिन्दू के जीवन पर प्रभाव नजर नही आता है। हिंदू के लिए जिस तरह से 'धर्म', शब्द वेदों और स्मृतियों में प्रयोग किया गया है और इसकी व्याख्या करने वालों की तरफ से समझाया जाता है, उससे स्पष्ट है कि किसी हिंदू के लिए धर्म का अर्थ 'आदेश और बंधन' ही है। वेदों में प्रयोग किए गए 'धर्म' शब्द का अर्थ हैं धार्मिक उपदेशों या अनुष्ठानों (ordinances or rites)

दार्शनिक जैमिनी ने अपनी किताब 'पूर्व मिमांसा' में धर्म की परिभाषा दी है, एक इच्छा के अनुसार लक्ष्य या परिणाम जिसे वैदिक परिच्छेदों (passases) में बताया गया है, या जो वेदों में निर्देशित हो।" सरल भाषा में यूं कह सकते हैं कि हिंदू लोग जिसे धर्म कहते है। वह वास्तव में कानून या नियम है या अधिक से अधिक कानून सम्मत वर्ण नीति है। सच पूछा जाए तो मैं ऐसे नियमों व आदेशों के कानूनी संग्रह (code of ordinances) को धर्म मानने से इन्कार करता हूं।

हिंदुओं के इस कानूनी संग्रह को धर्म के रूप में गलत पेश किया है इसकी पहली बुराई यह है कि इसमें मनुष्य के नैतिक जीवन (moral life) तथा तर्क व विवेक के प्रयोग की आजादी खत्म होती है। वह ऊपर से थोपे हुए नियमों का गुलाम बनकर रह जाता है। इसमें अपने आदेशों के प्रति कोई वफादरी नहीं होती है और सिर्फ नियमों व आदेशों का पालना ही जरूरी है। इसके अलावा इसकी सबसे बड़ी बुराई तो यह है कि इसमें जो नियम पहले लागू थे, वे आज भी लागू है और भविष्य में भी हमेशा वहीं नियम लागू रहेंगे। साथ ही नियम सभी वर्गों के लिए समान नहीं होने के कारण अन्यायपूर्ण व अधर्म हैं। अब चूंकि ये नियम हमेशा हमेशा के लिए बन गए है इसलिए यह अन्याय भी हमेशा के लिए शाश्वत यानी स्थायी (perpetual) हो गया है अर्थात इसे आगे की पीढ़ियों को भी इसी तरह भोगना पड़ेगा। एतराज इस बात पर नहीं है कि इस व्यवस्था को देवपुरूषों या स्मृतिकारों भविष्यदृष्टाओं (prophets or law givers) ने बनाया है बल्कि इस कानूनी संहिता को अंतिम और स्थिर (final and fix) बना दिया है।

किसी व्यक्ति के मन की खुशी एक जैसी नहीं रहती है। व्यक्ति की दशा व परिस्थिति के अनुसार बदलती रहती है। मन की प्रसन्नता अलग-अलग व्यक्तियों के लिए अलग-अलग समय में बदलती रहती है। जब यह स्थिति है तब यह कैसे हो सकता है कि मनुष्य समाज व इन सनातन व्यवस्थाओं को सहन करता हुआ लूला लंगड़ा न बन जाए और जकड़ा न जाए (crampet and cripple)। ऐसे तो वह जरूर पंगू हो जाएगा। इसलिए मुझे यह कहने में जरा भी संकोच नहीं है कि ऐसे धर्म को जरूर मिटा देना चाहिए नष्ट कर देना चाहिए। मैं कहूंगा कि ऐसे धर्म का नाश करना कोई अधर्म या पाप नहीं कहलाएगा। वास्तव में मैं यह महसूस करता हूं कि धर्म के इस कपटपूर्ण भेष या नकाब को फाड़ डालना, इस कानून को गलती से धर्म का नाम देकर जो झूठ फैलाया जा रहा है, उसे दूर करना आपका परम कर्तव्य है। इस मुखौटे को उतार फेंकना आपके लिए बहुत जरूरी काम है। एक बार यदि लोगों के दिमाग से आप यह गलत धारणा दूर कर देंगे और उनको यह समझने के लायक बना देंगे कि जिस व्यवस्था को उन्हें धर्म बताया गया है, वह धर्म नहीं होकर सिर्फ नियम व कानून है तो आप उन्हें यह आसानी से समझा सकेंगे कि दूसरे नियमों की तरह अपने उपयोग के अनुसार इनमें भी संशोधन या बदलाव किए जा सकते है। उन्हें इसके लिए प्रेरित कर सकते हैं। क्योंकि धर्म के बारे में लोगों की यही धारणा है कि इसमें बदलाव नहीं किया जा सकता है। इसलिए जब लोग इसे धर्म समझते है तो वे इसमें संशोधन या बदलाव के लिए तैयार नहीं होंगे। जबकि लोगों की यह धारणा है कि कानून को बदला जा सकता है। इसलिए जब तक लोग शास्त्रों के आदेशों व नियमों को ही धर्म मानते रहेंगे, वे उनमें किसी बदलाव के लिए राजी नहीं होंगे, लेकिन ज्योंही उन्हें यह समझ में आ जाएगा कि जिसे वे अपना धर्म मानते है वह धर्म नहीं बल्कि कानून है जो कि रूढ़िगत व पुराने है। तो वे राजी होकर इन्हें बदलने के लिए तैयार हो जाएंगे क्योंकि वे जानते और मानते भी है कि कानून को बदला जा सकता है।

24.

धर्म और पुरोहित का नया रूप क्या हो?

जब मैं नियमों व कानूनों के पुलिंदे वाले धर्म की आलोचना करता हूं तो इसका मतलब यह कतई नहीं समझना चाहिए कि मेरे विचार में मानव जीवन में धर्म की कोई जरूरत ही नहीं है। इसके विपरित मैं विचारक बर्फ के इस कथन से पूरी तरह सहमत हूं, वह कहते हैं , "सच्चा धर्म समाज की नींव (foundation of society) है जिस पर सच्ची सामाजिक सत्ताएं (civil government) टिकी हुई है और जिसे समाज की स्वीकृति है। इसलिए जब मैं इस बात पर जोर देता हूं कि जीवन के पुराने रूढ़िगत नियमों के धर्म (religion of rules) को नष्ट कर दिया जाए तो उस समय मैं इसके लिए तीव्र उत्सुक रहता है कि नियमों के धर्म स्थान पर सिद्धांतों का धर्म (religion of principles) स्थापित हो जाए। ऐसा और सिर्फ ऐसा धर्म ही सच्चा धर्म होने का दावा कर सकता है। मैं इस बात से पूरी तरह से सहमत हूं कि धर्म मनुष्य के लिए बहुत जरूरी है। इसलिए मैं आपको कहना चाहता हूं कि धर्म में सुधार को मैं एक बहुत जरूरी कार्य या पक्ष मानता हूं। मेरे विचार में धर्म में सुधार की मुख्य बातें इस प्रकार होनी चाहिए।

1. हिंदू धर्म का एक और सिर्फ एक ही प्रामाणिक धर्म ग्रंथ होना चाहिए, जिसे सभी हिंदू स्वीकार करें और सभी हिंदू उसे मान्यता दें। इसका यह अर्थ है कि हिंदू धर्म की अन्य सभी किताबें, जैसे कि वेद, शास्त्र, पुराण, जो पवित्र प्रमाणिक व आदेश देने की अधिकारी मानी जाती है, कानून के द्वारा उनकी धार्मिक मान्यता खत्म कर दी जाए, उन पर रोक लगे और इन किताबों में लिखी गई सामाजिक व धार्मिक शिक्षाओं के प्रचार-प्रसार को दंडनीय अपराध माना जाए।

2. यह बहुत अच्छा होगा यदि हिंदुओं के पुरोहित पेशे (priestihood) यानी पुरोहिताई को समाप्त ही कर दिया जाए। लेकिन यह असंभव लगता है इसलिए पुरोहिताई में वंश परम्परा (hereditary) को जरूर बंद कर देना चाहिए। हर मनुष्य जो हिंदू होने का दावा करता है उसे पुरोहित बनने का अधिकार होना चाहिए। यह कानून होना चाहिए कि कोई हिंदू तब तक पुरोहित नहीं बन सकेगा जब तक सरकार द्वारा निर्धारित परीक्षा पास नहीं कर लेगा और जब तक उसके पास पुरोहिताई करने के लिए सरकार से मिला प्रमाण-पत्र, सनद या लाइसेंस नहीं होगा।

3. जिस पुरोहित के पास लाइसेंस या प्रमाण-पत्र, सनद नहीं होगा उसका सम्पन्न कराया हुआ कोई भी रिवाज, संस्कार या धार्मिक अनुष्ठान अवैध गैर काननी माना जाए और जिसके पास सनद नहीं हो उसके लिए पुरोहित का काम दंडनीय अपराध माना जाए।

4. पुरोहित सरकार का कर्मचारी होना चाहिए और सामान्य नागरिकों की तरह देश के नागरिक कानून के अधीन होने के साथ राज्य सेवकों की तरह वे अपने आचरण, विश्वास और पूजा के मामले में सरकार के अनुशासन के अधीन होना चाहिए।

5. इंडियन सिविल सर्विस अफसरों की तरह पुरोहितों की संख्या भी सरकार द्वारा जरूरत के अनुसार तय कर सीमित होनी चाहिए।

कुछ लोगों को मेरी ये बातें उग्र (radical) व क्रांतिकारी लगेगी लेकिन मेरी समझ में इनमें कुछ भी क्रांतिकारी (revolutionary) नहीं है। भारत में लगभग सभी व्यवसाय नियमों से चलते है। डॉक्टर्स, इंजीनियर्स व एडवोकट्स को अपना प्रोफेशन शुरू करने से पहले डिग्री प्राप्त करनी पड़ती है तभी उनको व्यवसाय शुरू करने की इजाजत दी जाती है। इन लोगों को अपने पूरे करियर में देश के न केवल नागरिक व अपराधिक कानून को मानने के लिए पाबंद रहना पड़ता है बल्कि अपने-अपने प्रोफेशन के विशेष नियमों व नैतिकता के अनुशासन का भी पालन करना पड़ता है। लेकिन हिंदू पुजारी का व्यवसाय ही सिर्फ ऐसा व्यवसाय है जो किसी भी तरह के अनुशासन के अधीन नहीं है यही एक मात्र प्रोफेशन है जो किसी कानून के अधीन नहीं है और कोई पाबंदी नहीं है। इसमें व्यवसायिक अनुशासन व दक्षता (proficiency) की कोई जरूरत नहीं होती है। मानसिक रूप से एक पुजारी बेवकुफ भी हो सकता है। शारीरिक रूप से कोई पुरोहित-पुजारी घृणित (foul) बीमारी सिफलिस या गोनोरिया का रोगी हो सकता/सकती है। नैतिक रूप से वह भ्रष्ट चरित्र वाला या दिवालिया हो सकता है। लेकिन इन सबके बावजूद हिंदुओं के धार्मिक संस्कार सम्पन्न कराने के साथ साथ पवित्र देव - स्थानों के गर्भग्रह तक पहुंचकर देवताओं की पूजा करने के लिए पूरी तरह योग्य माना जाता है। हिंदुओं में यह सब इसलिए संभव है क्योंकि पुरोहित के लिए पुरोहित जाति में पैदा होना काफी है।

इस प्रकार यह पूरी व्यवस्था ही घृणा के लायक है और यही कारण है कि हिंदुओं का पुरोहित वर्ग न किसी कानून की बंदिश में है और न वह किसी नैतिक अनुशासन के अधीन बंधा हुआ है। पुरोहित के लिए कोई कर्तव्य तय नहीं है। इसके लिए कर्तव्य बनाए ही नहीं गए तो उनके बारे में सोचना तो कल्पना में भी नहीं होता है। यह तो सिर्फ और सिर्फ अधिकार व सुविधाओं (right and privileges) के बारे में जानता है। यह एक ऐसा परजीवी कीड़ा है जिसे देवताओं ने समाज के मानसिक व नैतिक शोषण के लिए खुला छोड़ दिया है। इसलिए जैसा मैंने ऊपर वर्णन किया है वैसा कोई कानून बनाकर पुरोहित वर्ग को काबू करना बहुत जरूरी है। ऐसा हो जाने से यह वर्ग जनता को गुमराह कर उनका नुकसान नहीं कर सकेगा। कानून बनने के बाद इस पेशे के रास्ता सबके लिए खोलने से पुरोहित बनने के अवसर सभी को मिल जाएगी और पुरोहिताई व्यवसाय को प्रजातांत्रिक रूप मिल जाएगा। ऐसे कानून से ही ब्राह्मणवाद को खत्म करने में मदद मिलेगी और जातिप्रथा को समाप्त करने में भी मदद मिलेगी क्योंकि ब्राह्मणवाद

ही जातिप्रथा की जननी है। ब्राह्मणवाद के जहर ने ही हिंदू समाज को बर्बाद किया है इसलिए ब्राह्मणवाद को समाप्त करके आप हिंदू धर्म को बचा कसते है और पुनर्जीवित कर सकते है। मेरे इस सुधारों पर किसी को भी कोई एतराज या विरोध नहीं होना चाहिए। यहां तक कि आर्य समाजियों को भी इसका स्वागत करना चाहिए क्योंकि ये उनके द्वारा अपनाए गए सिद्धांत 'गुण कर्म' के ही अनुरूप है उसी का ही रूप है।

चाहे आप इन सुधारों पर अमल करें लेकिन आपको अपने धर्म को नया सैद्धांतिक आधार (doctrinal basis) तो जरूर देना पड़ेगा, जो स्वतंत्रता, समानता और भाईचारे (liberty, equility, fraternity) के अनुरूप है अर्थात वह आधार जनतांत्रिक (democratic) हो। मैं इस विषय का अधिकारिक ज्ञाता तो नहीं हूं लेकिन मेरी जानकारी के आधार पर यह बता सकता हूं कि इस आधार का बनाने के लिए आपको किसी विदेशी धर्मग्रंथ की शरण में जाने की जरूरत नहीं होगी बल्कि आपके अपने ही उपनिषदों में यह सिद्धांत मौजूद है। हां, इतना जरूर है कि इस मूलभूत आधार के लिए आपको उपनिषदों में दी गई कच्ची जानकारियों को साफ कर नए रूप में ढालने और बहुत अधिक काट-छांट किए बिना नया रूप देना पड़े। इसका अर्थ होगा जीवन की आधारभूत कल्पना में परिवर्तन। इसका अर्थ होगा जीवन के मूल्यों को पूरी तरह बदलना और इसका अर्थ होगा मानव और वस्तुओं के व्यवहार और नजरिए (outlook and attitude) में पूरी तरह से परिवर्तन। इसका अर्थ होगा धर्म परिवर्तन या रूपांतरण (conversion) लेकिन यदि आपको यह शब्द अच्छा नहीं लगे तो मैं कहूंगा कि इसका अर्थ होगा एक बिल्कुल नया जीवन। लेकिन नया जीवन ऐसे शरीर में प्रवेश नहीं कर सता हो मरा हुआ हो। नए जीवन के लिए नए शरीर की जरूरत होगी। साधारण शब्दों में यह कटा जा सकता है कि नया जीवन अस्तित्व में आए (enliven) और इसमें नया जीवन प्रवेश कर धड़कन (to pulsate) पैदा कर सके इससे पहले पुराने शरीर का मरना बहुत जरूरी है। मेरे कहने का अर्थ है कि आपको शास्त्रों के आदेशों को नकारना होगा और शास्त्रों के धर्म को नष्ट करना होगा।

25.

हिंदुओं को विचार करने लायक कुछ सवाल

मैंने आपका बहुत समय लिया इसलिए अब भाषण को समाप्त करना उचित होगा। मेरे लिए यहीं रुकना उचित होगा लेकिन हिंदुओं के लिए बहुत गहरी व अति महत्वपूर्ण संबंध रखने वाले इस विषय पर हिंदू श्रोताओं के बीच यह मेरा आखरी भाषण होगा। अपना भाषण पूरा करने से पहले यदि हिन्दू मुझे इजाजत दें तो मैं कुछ ऐसे सवाल रखूं जिनको मैं जीवन और मौत (vital) के समान बहुत जरूरी सवाल समझता हूं और उन पर गंभीरता से विचार करने के लिए उन्हें आमंत्रित करता हूं।

पहली बात तो यह है कि हिंदुओं को विचार करना चाहिए कि क्या मानव विज्ञानियों की इस शांत व सौम्य राय को मानना काफी है कि संसार के विभिन्न लोगों में पाए जाने वाले विश्वासों, आस्थाओं, आदतों, स्वभावों, सदाचारों और जीवन के दृष्टिकोणों के विषय में सिवाय इसके कि वे ये सभी बातें विभिन्न लोगों में अलग-अलग होती है इसके सिवाय और कुछ कहने की जरूरत नहीं है क्या यह जानने की कोशिश करना जरूरी नहीं कि किस प्रकार की आस्था, व्यवहार स्वभाव, विचार, नैतिकता और जीवन के नजरिए मानव समाज के लिए कल्याणकारी रहे है, और उत्तम काम दिये है। और जिन लोगों में ये मौजूद थे उन्हें पढ़ने, लिखने विकसित होने, मानव समाज को मजबूती देने, धरती पर आबादी बसाने और उस पर साम्राज्य स्थापित करने के योग्य बनाया है। जैसा कि प्रो. कार्वर का विचार है, "नैतिकता और धर्म जो नैतिक सहमति और असहमति का गठबंधन दिखाने के लिए नैतिकता (morality) व धर्म की लड़ाई में प्रयोग में लिए जाने वाले साधनों के रूप के उसी प्रकार से लिया जाना चाहिए जैसे कि हमला करने और बचाव के लिए हथियार के रूप में दांत और पंजे, नाखून, सींग और खूर, चोंच और पंख का उपयोग किया जाता है। ऐसे सामुहिक समूह, समुदाय, कबीले और राष्ट्र आखिर मिट जाते है जो नैतिकता की एक ऐसी निकम्मी योजना बना लेते है जिसे अमल में नहीं लाया जा सके या जो समाज को कमजोर और अस्तित्व में बने रहने के लिए अयोग्य बनाते है कि आदत के कारण स्वीकृति की भावना पैदा करते है, जबकि ऐसे सामाजिक काम जो उन्हें मजबूत बनाते है और उन्हें विकसित होने में सहयोग करते है उनमें आदत होने के कारण अस्वीकृति की भावना पैदा करते है और आखिर में अस्तित्व बनाए रखने के संघर्ष में मिट जाते है। यह इन समाजों की पसंद या नापसंद की आदत, जो धर्म व नैतिकता की देन है, जो किसी समुदाय या राष्ट्र को उसी

प्रकार पंगू बना देती है जैसे मक्खियों के शरीर पर एक ओर दो पंख और दूसरी ओर एक पंखस भी नहीं हो तो मक्खियां उड़ ही नही पाएंगी।

इस बात पर बहस करना बेकार है कि एक व्यवस्था अच्छी है तो दूसरी भी अच्छी होगी। इसलिए नैतिकता और धर्म सिर्फ पसंद और नापसंद का विषय नहीं है। आप नैतिकता की किसी योजना और न्याय की ऐसी व्यवस्था को बहुत नापसंद कर सकते हैं जिसको पूरा देश विश्व का सबसे शक्तिशाली देश बना सकता है। आपकी नापसंदगी के बावजूद ऐसे राष्ट्र शक्तिशाली हो जाएगा। आप नैतिकता की ऐसी व्यवस्था और न्याय के आदर्शों को बहुत पसंद कर सकते हो जिसे यदि पूरे देश में लागू किया जाए तो राष्ट्रों के अस्तित्व के आपसी संघर्ष में वह राष्ट्र अयोग्य साबित होगा। और आपकी इच्छा व पसंदगी के बावजूद वह देश आखिर मिट जाएगा। इसलिए हिंदू समाज को अपने धर्म और नैतिकता का समाज को अस्तित्व में बनाए रखने की दृष्टि से परख करनी चाहिए।

दूसरी बात यह है कि हिंदू समाज को विचार करना चाहिए कि क्या उन्हें अपनी पूरी सामाजिक परम्परा की विरासत (social heritage) को बचाकर रखना है या जो सिर्फ उपयोगी हो उनको चुनकर आने वाली पीढ़ियों को सिर्फ उतना ही सौंप देना चाहिए, उससे ज्यादा नहीं। प्रो. डिवे कोलंबिया यूनिवर्सिटी में मेरे गुरु रहे थे जिनका मैं बहुत ऋणी हूं, उन्होंने कहा है कि, "हर समाज मृत और विकृत हो गई रूढ़िग्रस्त तुच्छ बातों के बोझ से दब जाता है। किसी समाज में आधनिक व प्रगतिशील विचारों की रोशनी फैलती है तो समाज हो यह एहसास होने लगता है कि अपनी मौजूदा सारी उपलब्धियों को बचाकर ज्यों का त्यों भावी पीढ़ियों को सौंपना उचित नहीं होगा। ऐसी उपलब्धियों को सौपना ही उचित होगा जो श्रेष्ठ भावी समाज का निर्माण कर सके।" फ्रांस की क्रांति को मजबूत आधार देने वाले परिवर्तन के सिद्धांतों के घोर विरोध के बावजूद क्रांतिकारी बर्क यह मानने के लिए मजबूर हो गया था कि, "कोई भी सरकार यदि किसी परिवर्तन के साधनों से वंचित है तो उसके अस्तित्व के बने रहने की गुंजाइश भी नहीं होती है। ऐसे साधनों की कमी से सरकार संविधान के ऐसे भाग को भी खोने का खतरा है जिसको वह किसी भी कीमत पर बचाना चाहता है।" सरकार के बारे में बर्क को कथन समाज पर भी उतना ही लागू होता है।

तीसरी बात यह है कि हिंदू समाज यह विचार करें कि क्या उन्हें अपने आदर्श बताने वाले पुराने समय को पूजना बंद कर देना चाहिए, जो समय बीत गया सिर्फ उसी की पूजा करने के असर के बारे में प्रो. डिवे ने ठीक ही कहा है, "एक व्यक्ति केवल में वर्तमान ही जी सकता है, वर्तमान का अर्थ सिर्फ यह नहीं है कि वह गुजरे समय के बाद आता है। वर्तमान कोई गुजरे समय द्वारा पैदा की हुई वस्तु तो कतई नहीं है। जीवन इसी में है कि गुजरे समय यानी अतीत को वर्तमान के पीछे छोड़ दिया जाए। भूतकाल और उसका ज्ञान व परम्परा विरासत तभी महत्व रखता है

जब वह वर्तमान काल में प्रवेश करता है वरना इसका कोई महत्व नहीं। लेकिन पुराने दस्तावेज, अवशेषों व अभिलेखों को शिक्षा की मुख्य विषय बनाने में से गलती से भूतकाल, वर्तमान काल का विरोधी हो जाता है और वर्तमान, कमोवेश भूतकाल की बेकार नकल (futule imitation) बन जाता है।" वह सिद्धांत जो जीने और तरक्की के वर्तमान कार्य को कम महत्व देते हुए तुच्छ मानता है वह स्वाभाविक रूप से वर्तमान को खाली और भविष्य काल को अति दूर का समझता है। ऐसा सिद्धांत प्रगति का बाधक (inimical) और मजबूत व स्थिर जीवन प्रवाह में बाधक है।

और अब चौथी बात यह है कि हिंदुओं को यह जरूर विचार करना चाहिए कि क्या उनके लिए वह समय नहीं आ गया जब उन्हें समझना चाहिए कि संसार में कुछ भी स्थिर नहीं है, कुछ भी स्थायी यानी शाश्वत, कुछ भी सनातन नहीं है, सबकुछ परिवर्तनशील है, संसार में हर चीज बदल रही है। एक बदलते हुए समाज में पुरानी मान्यताओं व संस्कारों में क्रांतिकारी बदलाव आने चाहिए और हिंदुओं को यह जरूर एहसास होना चाहिए कि यदि लोगों के कार्यों को मापने के मापदंड जरूरी है तो उन मापदंडों में बदलाव या सुधार के लिए भी तैयार रहना चाहिए।

26.

जाति व्यवस्था को जड़ से उखाड़ फेंकने की जरूरत

मैं यह स्वीकार करता हूं कि मेरा भाषण बहुत लम्बा हो गया है। अब यह फैसला आपको करना है कि भाषण के विषय के विस्तार व गंभीरता ने भाषण के लंबे होने की कमी को कहां तक पूरा कर लिया है। मैं तो सिर्फ इतना दावा करता हूं कि मैने अपने विचारों को स्पष्ट रूप से (candidly) आपके सामने रख दिया है, आपसे इन्हें स्वीकार करने के लिए तो नहीं कह सकता लेकिन आपके भाग्य की गहरी चिंता करने की दृष्टि से इसका गहराई से अध्ययन करने के लिए जरूर कहना चाहूंगा। यदि आप मुझे कहने की आज्ञा दे तो मैं यह कहूंगा कि यह विचार एक ऐसे व्यक्ति के विचार है जो किसी सत्ता या शक्ति के हाथों की कठपुतली (tool) नहीं है और न ही किसी बड़े लोगों की चापलूसी करने वाला (flatterer) है। ये विचार एक ऐसे व्यक्ति के है जिसका पूरा जीवन गरीबों और दबे कुचलों की आजादी के लिए संघर्ष में बीता है। लेकिन जिसको सम्मान व इनाम के रूप में राष्ट्रीय पत्र-पत्रिकाओं व राष्ट्रीय नेताओं की तरफ से झुठे आरोपों और गालियों की लगातार बौछारों (calumny and abuse) के सिवाय कुछ नहीं मिला। इस तरह के इनाम का एक मात्र कारण यही रहा है और वह यह है कि मैंने उनके इस चमत्कार (इसे कपट या धोखे की लीला कहकर मैं आपको नाराज नहीं करना चाहता) में शामिल होना स्वीकार नहीं किया। मैं जुल्म करने वालों के धन से ही पीड़ितों को आजाद करने तथा धनवानों के रूपयों से गरीबों को ऊपर उठाने के चमत्कार में शामिल नहीं रहा। मैंने उन अखबारों और नेताओं का साथ देने से इन्कार कर दिया।

हो सकता है कि यह सब कुछ मेरे विचारों को महत्व देने के लिए काफी नहीं हो, और मैं यह भी समझता हूं कि इनसे आपके विचारों में कोई परिवर्तन आने की संभावना नहीं है लेकिन यह पूरी तरह से आप पर निर्भर करता है कि आपके विचार बदलते है या नहीं। यदि मेरे ढंग से नहीं तो आपको अपने ढंग से जाति-व्यवस्था को जड़ से उखाड़ फेंकने की जरूर कोशिश करनी चाहिए। मुझे अफसोस है कि मैं आपका साथ नहीं दे पाऊंगा। मैंने परिवर्तन (धर्म परिवर्तन) का फैसला कर लिया है और उसके कारण बताने का यह उचित स्थान व अवसर नहीं है लेकिन यदि जब मैं आपकी सीमा से बाहर भी जाऊंगा तो आपके आंदोलन व गतिविधियों को उत्सुकता व सहानुभूति के साथ देखता रहूंगा और आपको मेरी सहायता, जो कुछ भी मैं करने योग्य हूं, मिलती रहेगी। आपका उद्देश्य एक राष्ट्रीय भावना से संबंधित है। इसमें कोई शक नहीं है कि

जाति व्यवस्था मुख्यरूप से हिंदुओं की सड़ी-गली व्यवस्था के रूप में समस्या है हिंदुओं ने सारे वातावरण को गंदा कर दिया है जिससे सिख, मुसलमान, ईसाई सभी इससे पीड़ित है। इसलिए आपको उन सभी लोगों से सहयोग मिलने की आशा है जो इस छूत की बीमारी का दुख भोग रहे हैं। जैसे स्वराज्य यानी देश की आजादी के युद्ध में पूरा राष्ट्र साथ में हो जाता है लेकिन राष्ट्र की आजादी के सवाल से ज्यादा मुश्किल आपका उद्देश्य है। जाति व्यवस्था के खिलाफ युद्ध में आपको पूरे राष्ट्र के खिलाफ लड़ना होगा और वह भी अकेले लेकिन यह स्वराज्य के आंदोलन से ज्यादा महत्वपूर्ण है। यदि स्वराज्य मिल भी जाए तो उसका तब तक लाभ नहीं होगा, जब तक उसकी रक्षा करने के योग्य नहीं हो जाते। स्वराज्य के अंतर्गत, हिंदुओं की रक्षा, स्वराज्य हासिल करने से ज्यादा महत्वपूर्ण है। मेरे विचार में यदि हिंदू समाज जात-पांत से मुक्त हो जाएगा तो इसमें अपनी रक्षा के लिए पर्याप्त शक्ति आ जाएगी। इस आंतरिक शक्ति के बिना हिंदुओं के लिए स्वराज्य, सिर्फ गुलामी की दिशा में एक ओर कदम साबित होगा। आपकी सफलता के लिए मेरी शुभकामनाएं आपके साथ है, अलविदा !

❍

परिशिष्ट-I

महात्मा गांधी द्वारा जाति व्यवस्था के पक्ष में प्रमाण (vindication) गांधीजी द्वारा सम्पादित 'हरिजन' अखबार में छपे उनके तीन लेख)

1. डॉ. अंबेडकर के आरोप / अभियोग

पाठकों को यह जरूर याद होगा कि पिछले मई 1936 में डॉ. अंबेडकर जात-पांत तोड़क मंडल, लाहौर के वार्षिक सम्मेलन की अध्यक्षता करने वाले थे। लेकिन वह सम्मेलन रद्द कर दिया गया क्योंकि उसकी स्वागत समिति को प्राप्त डॉ. अंबेडकर का अध्यक्षीय भाषण स्वीकार नहीं था। उनका भाषण स्वागत समिति के लिए अनुचित हो सकता है लेकिन सवाल उठता है कि स्वागत समिति ने अपनी इच्छा से उनको अध्यक्ष चुना और बाद में सिर्फ उनके भाषण के कारण उनको अध्यक्ष अस्वीकार करना कहां तक न्याय संगत है? समिति हिंदू धर्म शास्त्रों और जाति-व्यवस्था के बारे में डॉ. अंबेडकर के विचार अच्छी तरह जानती थी। वह यह भी जानती थी कि डॉ. अंबेडकर बहुत स्पष्ट शब्दों में कुछ ही दिनों में हिंदू धर्म छोड़ने की घोषणा कर चुके है। डॉ. अंबेडकर ने सम्बोधन के लिए जो भाषण तैयार किया उससे कम की आशा समिति को उनसे नहीं करनी चाहिए थी। ऐसा लगता है कि स्वागत समिति ने जनता को ऐसे व्यक्ति के मौलिक विचारों को सुनने का मौका ही देना नहीं चाहती थी, जिसने अपने लिए समाज में एक विशेष स्थान बना लिया है। भविष्य में डॉ. अंबेडकर चाहे किसी भी धर्म का लेबल अपने नाम के साथ चिपकाए, अब वह एक ऐसे व्यक्ति नहीं है जो समाज द्वारा और स्वयं के द्वारा भी भुलाए जा सकेंगे।

डॉ. अंबेडकर स्वागत समिति से हार मानने वाले व्यक्ति नहीं थे। उन्होंने अपने खर्चे से अपने भाषण को छपवाकर समिति को उसके रद्द करने के फैसले का जवाब दे दिया। उन्होंने इसकी कीमत आठ आना रखी है। मैं इस कीमत को कम करके दो आने तक या अधिक से अधिक चार आने तक ले जाने का सुझाव दूंगा। कोई समाज सुधारक इस भाषण की अनदेखी नहीं कर सकता। रूढ़िवादी लोग भी इसके पढ़कर लाभ ही उठाएंगे। लेकिन इसका अर्थ यह नहीं है कि भाषण में किसी एतराज की गुंजाइश नहीं है। यदि इसमें गंभीर एतराज की गुंजाइश नजर आती है तो इसे जरूर पढ़ा जाना चाहिए। डॉ. अंबेडकर हिंदू धर्म के लिए एक चुनौती (challange) है। एक हिंदू के रूप में उनका पालन-पोषण हुआ, एक हिंदू राजा की सहायता से उन्होंने शिक्षा

प्राप्त की। डॉ. अंबेडकर सवर्ण हिंदुओं के उस व्यवहार के कारण जो उन्हें और उनके लोगों को भोगना पड़ा, इस कारण उनके मन में घृणा पैदा हो गई। अतः उन्होंने न केवल उनको बल्कि उस हिंदू धर्म को भी छोड़ देने का फैसला लिया है, जो उनकी और सवर्ण हिंदुओं की विरासत (heritage) थी। उन्होंने उस धर्म को मानने वालों के एक भाग के खिलाफ अपनी सख्त नफरत को उस धर्म के ही खिलाफ बदल दिया। लेकिन इसमें हैरानी की कोई बात नहीं है। आखिर कोई भी व्यक्ति किसी परम्परा या संस्था का फैसला उसके उत्तराधिकारियों व नेताओं के व्यवहार द्वारा कर सकता है। इससे भी अधिक डॉ. अंबेडकर ने बताया कि सवर्ण हिंदुओं की एक बहुत बड़ी संख्या ने अपने धर्म के अछूतों के साथ अमानवीय व्यवहार किया और यही नहीं उन्होंने अपने इस व्यवहार को अपने धर्म शास्त्रों के आदेशों पर आधारित माना। जब डॉ. अंबेडकर ने इन धर्मशास्त्रों की जांच पड़ताल शुरू की तो उनको हिंदुओं के छुआछूत में विश्वास और उस द्वारा पैदा की गई उलझनों के खिलाफ बहुत सारे प्रमाण मिल गये। भाषण के लेखक ने अपने कथन के पक्ष में शास्त्रों के अध्यायों व श्लोकों के उदाहरण देकर तीन आरोप लगाए हैं। पहला, अमानवीय व्यवहार करना, दूसरा, अत्याचार करने वालों ने बेशर्मी के साथ उनके इस व्यवहार को सही बताया और तीसरा यह कहना कि हिंदू धर्म शास्त्रों में भी इस तरह के व्यवहार को उचित माना गया है।

कोई भी हिंदू अपने धर्म की कीमत अपने जीवन से अधिक मूल्यवान समझता है और इस अभियोग के महत्व को कम आंकने की हिम्मत नहीं कर सकता। डॉ. अंबेडकर इस अमानवीय व्यवहार से घृणा करने वाले अकेले व्यक्ति नहीं है। वे उन लोगों में सबसे अधिक योग्य (ablest) व्यक्ति है और किसी प्रकार का समझौता करना नहीं चाहते। ईश्वर का धन्यवाद है कि नेताओं की सबसे आगे की लाइन में डॉ. अंबेडकर अपनी निराली प्रकृति के बिल्कुल अकेले है और एक छोटे अल्पसंख्यक वर्ग का प्रतिनिधित्व करते है। लेकिन जो कुछ वह कहते है, वही आवाज कमोवेश अधिक या कमजोर ढंग से दलित वर्ग के सभी नेताओं द्वारा उठाई जाती है। राम बहादूर एम. सी. राजा और दीवान बहादुर श्रीनिवासन भी न केवल हिंदू धर्म को छोड़ने की धमकी देते है बल्कि बहुत बड़ी संख्या में हरिजनों के उत्पीड़न व अन्याय का बदला लेने के लिए अपने धर्म में एक अपनेपन की सुखद गरमाहट महसूस करते है। डॉ. अंबेडकर जो कहते है उनकी उपेक्षा का यह प्रमाण नहीं है कि बहुत से अछूत नेता अभी हिन्दू धर्म को अपनाए हुए है। सवर्ण हिंदुओं को अपने विश्वास और व्यवहार में सुधार करना होगा। सबसे पहले सवर्णो में विद्वान और प्रभावशाली लोगों को अपने धर्म ग्रंथों की सही व्याख्या करनी चाहिए। डॉ. अंबेडकर ने अपने आरोप अर्थात् अभियोग-पत्र (Indictment) में निम्नलिखित सवाल उठाए हैं -

1. धर्मशास्त्र क्या है? 2. क्या जो ग्रंथ छपे है उन्हें इन शास्त्रों का ही अंग समझा जाना चाहिए या उनमें से कोई भाग आक्रमणिक रूप से जोड़ा गया मानकर रद्द या अस्वीकार किया जा सकता

है। 3. ऐसे मान्यता प्राप्त व स्वीकृत विशुद्ध धर्म ग्रंथों का छुआछूत, जातिभेद, असमानता, आपस में रोटी-बेटी के संबंध के सवालों के क्या जबाव है। (डा. अंबेडकर ने अपने भाषण में इन सभी बातों की जांच परख की है) इन सवालों के मेरे उत्तर और डॉ. अंबेडकर के खोजपूर्ण लेख में की गई कम से कम कुछ बड़ी कमियों पर अपनी टिप्पणी 'हरिजन' के अगले अंक में देने की कोशिश करूंगा।

(हरिजन, 11 जुलाई 1936)

2.

जाति व्यवस्था का धर्म से कोई लेना देना नहीं है

वेद, उपनिषद, स्मृति और पुराण, जिनमें रामायण और महाभारत भी शामिल है, हिंदुओं के धर्मशास्त्र कहलाते है। लेकिन यह सूची अंतिम यानी पूरी नहीं है। हर युग और पीढ़ी ने इस सूची में अपनी तरफ से जोड़कर इसमें वृद्धि की है। इसलिए यह मानना चाहिए कि हर छपा हुआ हस्तलिखित लेख धर्मशास्त्र नहीं होता है। उदाहरण के लिए स्मृतियों में बहुत कुछ ऐसा है लेकिन उन्हें कभी भी ईश्वर की वाणी नहीं माना जा सकता। इस तरह बहुत से श्लोक डॉ. अंबेडकर ने स्मृतियों में से दिए है उन्हें प्रमाणिक (authentic) नहीं माना जा सकता है। जो शाश्वत है तथा जो किसी के मन को आकर्षित कर परिवर्तित कर देते हैं। ऐसी कोई भी चीज ईश्वर की वाणी के रूप में नहीं मानी जा सकती जो आध्यात्मिक अनुभव करने के योग्य नहीं तथा तर्क की कसौटी पर कसी नहीं जा सकती हो। जब आपको इन धर्म ग्रंथों का कोई विशुद्ध संस्करण मिल जाता है तब आपको उसकी व्याख्या करने की जरूरत होगी। सबसे अच्छा व्याख्याकार या टीकाकार (interpreter) कौन है? निश्चय ही कोई साधारण व्यक्ति नहीं हो सकता। विद्वता का होना जरूरी है लेकिन धर्म इस पर जीवित नहीं रह सकता। धर्म अपने संतों और सिद्धों (saints and seers) के अनुभवों और उनके जीवन व वाणियों में रहता है। जब धर्म ग्रंथों के विद्वान टीकाकारों (commentators) को लोग बिल्कुल भूल चुके होंगे तब भी साधु-संतों को संचित अनुभव रहेगा और आने वाले युगों को प्रेरणा का काम करेगा।

जाति व्यवस्था का धर्म से कोई लेना देना नहीं है। जाति एक रिवाज है जिसकी उत्पति मैं नहीं जानता और अपने आध्यात्मिक भूख को शांत करने के लिए यह जानने की जरूरत भी नहीं समझता। लेकिन मैं यह अच्छी तरह जानता हूं कि जाति आध्यात्मिक और राष्ट्रीय दोनों के विकास के लिए बहुत नुकसानकारी है। वर्ण और आश्रम ऐसी दो संस्थाएं है जिनका जाति-पांति से कोई संबंध नहीं है। वर्ण-व्यवस्था का नियम हमें यह सिखाता है कि हर व्यक्ति को अपने पुरखों के खानदानी पेशे को ही अपनाकर रोजी-रोटी कमानी चाहिए। यह नियम हमारे अधिकारों को नहीं बल्कि हमारे कर्तव्यों को बतलाते है। वर्णव्यवस्था आवश्यक रूप से उन व्यवसायों के बारे में बनी है जो मानवता के कल्याण में वृद्धि करने वाले है। इसके सिवाय कुछ नहीं। यह व्यवस्था यह भी बतलाती है कि कोई भी पेशा बहुत नीचा या बहुत ऊंचा नहीं है। सभी अच्छे हैं, कानूनी रूप से सभी उचित है और सामाजिक प्रतिष्ठा में सभी बराबर है। एक ब्राह्मण अर्थात

आध्यात्मिक गुरु का व्यवसाय और एक मेहतर (scavenger) का व्यवसाय सब बराबर है और उनके निर्धारित काम ईश्वर के सामने समान महत्व के हैं और ऐसा लगता है कि किसी समय इंसान की नजर मे भी इन्हें एक जैसा इनाम या मुआवजा मिलता है। ब्राह्मण और मेहतर दोनों अपनी-अपनी रोजी-रोटी कमाने के हकदार होने के अलावा और कुछ नहीं है। गांवों में आज भी इस व्यवस्था की स्वस्थ परम्परा की धुंधली तस्वीर कहीं-कहीं देखी जाती है।

600 की आबादी वाले छोटे से गांव में रहते हुए मैंने पाया कि तरह-तरह का पेशा करने वालों, जिनमें ब्राह्मण भी शामिल है, की कमाई में कोई खास फर्क नहीं देखा। मैं यह भी देखता हूं कि सामाजिक पतन के इस समय में भी ऐसे सच्चे ब्राह्मण मिलते है जो अपनी इच्छा से दिए गए दान दक्षिणा पर गुजारा करते है और अपना आध्यात्मिक ज्ञान दूसरों को उसी प्रकार लूटाते हैं। वर्ण व्यवस्था के नियमों के बिगड़े हुए रूप को देखकर वर्ण-व्यवस्था के सिद्धांत का निर्णय करना गलत और अनुचित होगा क्योंकि प्रायः देखा गया है मनुष्य उसकी बुराईयों गलतियों को अपनाते है। किसी वर्ण द्वारा अपने वर्ण का दूसरे वर्ण से उत्तम या श्रेष्ठ होने का अभिमान करना इसके कानून का विरोध करना है, और वर्ण व्यवस्था कानून में ऐसा कोई प्रमाण नहीं है जो छुआछूत को प्रमाणित करें। हिंदू धर्म का सार तत्व (essence of hinduism) एक और केवल एक ही परमात्मा का रूप कहने में तथा अहिंसा को मानव परिवार के कानून के तौर पर या वीरतापूर्ण स्वीकृति देने में छुपा हुआ है। मैं जानता हूं कि मेरे हिंदू धर्म की इस व्याख्या पर डॉ. अंबेडकर के अलावा बहुत सारे दूसरे लोग भी एतराज करेंगे। लेकिन इससे मेरी स्थिति पर कोई फर्क नहीं पड़ेगा। यही वह व्याख्या (interpretation) है जिसके आधार पर मैंने लगभग पचास वर्ष का जीवन जीया है और मैंने इन्हीं मान्यताओं को अपने जीवन में भरपूर उतारकर नियमित रखने की कोशिश की है।

मेरी राय में डॉ. अंबेडकर ने अपने भाषण में जो बड़ी गलतियां की है, वह है संदेहपूर्ण प्रमाणों (doubtful authenticity) का चयन करना और गिरे हुए हिंदुओं का चयन करना। चूंकि वह तथाकथित सवर्ण हिंदू जिस धर्म के अनुयायी होने का दावा करते है वे पतित (degraded) निकृष्ट (woefully misrepresent) हिंदू है जो धर्म के सही उदाहरण नहीं है। डॉ. अंबेडकर ने जिस कसौटी (standards) के आधार पर धर्म को परखने का काम किया है उस पर परखने से तो सभी जीवित धर्म फेल हो जाएंगे। अपने योग्यतापूर्ण भाषण में विद्वान डॉ. अंबेडकर ने मामले को बहुत बढ़ा चढ़ा कर प्रमाणित किया है। जिस धर्म को चैतन्य, ज्ञानदेव, तुकाराम, तिरूवल्लुवर, रामकृष्ण परमहंस, राजा राममोहन राय, महर्षि देवेन्द्रनाथ ठाकुर, विवेकानंद और बहुत सारे दूसरे महापुरूष मानते थे, तो क्या उसमें कोई गुण नहीं है जैसा कि डॉ. अंबेडकर ने अपने भाषण में बताया है? किसी भी धर्म की परख उसके सबसे बुरे उदाहरणों से नहीं बल्कि सबसे अच्छे परिणामों से परखा जाना चाहिए। यदि हम इसे सुधार नहीं पाए तो केवल इस प्रकार के मापदंडों की ही आशा की जा सकती है। (हरिजन, 18 जुलाई 1936)

3.

वर्ण बनाम जाति

जात-पांत तोड़क मंडल, लाहौर के श्री संतरामजी चाहते है कि मैं उनकी यह टिप्पणी छाप दूं। जात-पांत तोड़क, मंडल, और डॉ. अंबेडकर के बारे में आपकी (गांधीजी) की टिप्पणी मैंने (संतराम) पढ़ी। इस बारे में मैं यह निवेदन करना चाहता हूं-

हमने डॉ. अंबेडकर को अपने सम्मेलन की अध्यक्षता करने के लिए जो आमंत्रण दिया था वह इस कारण नहीं था कि वे दलित वर्ग से है क्योंकि हम लोग हिंदुओं में छूत-अछूत का कोई भेदभाव नहीं रखते। इसके बावजूद हमने उनका चुनाव इसलिए किया था क्योंकि हिंदू समाज की जानलेवा (fatel) बीमारी जाति का इलाज करने का उनका विचार वही है जो हमारा है अर्थात उनकी भी राय यही है कि जाति व्यवस्था की हिंदुओं की आपसी फूट और पतन (disruption and downfall) का मूल कारण है। डॉ. अंबेडकर की पीएच.डी. के लिए लिखी रिसर्च थीसिस का विषय भी जाति व्यवस्था होने के कारण उन्होंने इस विषय का गहराई से अध्ययन किया है। हमारे सम्मेलन का मुख्य उद्देश्य हिंदुओं को इस बात के लिए राजी करना था कि वे जाति प्रथा को मिटाने के लिए आगे आए। लेकिन सामाजिक और धार्मिक मामलों में किसी गैरहिंदू के भाषण का उन पर कोई असर नहीं होगा। डॉ अंबेडकर ने अपने भाषण के बढ़ाए हुए भाग में इस बात पर विशेष जोर दिया था कि एक हिंदू के रूप में यह उनका आखरी भाषण है। यह बात सम्मेलन के उद्देश्यों व हितों के लिए नुकसानकारी थी और अप्रासंगिक भी। इसलिए हमने डॉ. साहब से भाषण से इस भाग को निकाल देने का अनुरोध किया था क्योंकि वे इस बात को किसी दूसरे अवसर पर कह सकते थे लेकिन उन्होंने ऐसा करने से इंकार कर दिया और फिर हम लोगों का सम्मेलन को केवल दिखावा करने में कोई लाभ नहीं दिखाई दिया। इस सबके बावजूद मैं उनके भाषण की प्रशंसा किए बिना नहीं रह सकता। जहां तक मुझे मालूम है यह भाषण इस विषय पर बहुत विद्वतापूर्ण व खोजपूर्ण आलेख है और भारत की हर भाषा में इसका अनुवाद किए जाने की जरूरत है।

इसके अलावा मैं आपकी जानकारी में यह बात लाना चाहता हूं कि आपका जाति और वर्ण के बीच का दार्शनिक (philosophical) अंतर इतना सूक्ष्म (too subtle) है कि आम लोगों की समझ में नहीं आ सकता क्योंकि हिंदू समाज में जाति और वर्ण व्यवहारिक रूप से एक ही चीज है। कारण यह कि दोनों का काम एक ही है अर्थात दोनों अन्तर्जातीय विवाह और अन्तर्जातीय भोज के खिलाफ है। आपका (गांधीजी) वर्णव्यवस्था का सिद्धांत इस जमाने में अव्यावहारिक (impracticable) है अर्थात अपनाने लायक नहीं है और भविष्य में इसके

दोबारा जीवित होने की कोई आशा नहीं है क्योंकि हिंदू लोग जाति व्यवस्था के गुलाम है और इसे मिटाना भी नहीं चाहते। इसलिए जब भी आप अपने आदर्श या काल्पनिक वर्ण-व्यवस्था की वकालात करते है तो वे यही समझते है कि जाति से चिपके रहना ही ठीक है इस प्रकार आप समाज में वर्णों के विभाजन के पक्ष में दलीलें देकर व वकालात करके समाज सुधार का भारी नुकसान कर रहे हैं क्योंकि ऐसा करना हमारे रास्ते में रूकावट पैदा करता है।

वर्ण व्यवस्था की जड़ को उखाड़े बिना छुआछूत को मिटाने की कोशिश रोग के सिर्फ बाहरी लक्षणों का इलाज करना है या पानी की सतह पर लकीर बनाने जैसा है। द्विज (ब्राह्मण) लोग अपने दिल के किसी कोने से भी कथित छूत और अछूत शूद्रों को सामाजिक बराबरी नहीं देना चाहते। इसलिए वे जाति-पांति को तोड़ने से इन्कार करते है लेकिन समस्या को टालते रहने के लिए छुआछूत मिटाने के लिए उदारता से दान देते रहते हैं। छुआछूत और जाति को मिटाने के लिए शास्त्रों का सहयोग मांगना यानी शास्त्रों का सहारा लेना तो कीचड़ से कीचड़ धोने जैसा है।

संतरामजी के इस पत्र का आखिरी पैराग्राफ पहले पैराग्राफ का खंडन करता है। यदि जाति-पांति तोड़क मंडल के लोग शास्त्रों की सहायता लेना स्वीकार नहीं करते तो वे वही काम करते है जो डॉ. अंबेडकर करते है, अर्थात लोगों को हिंदू बने रहने देना वे नहीं चाहते तब वे अंबेडकर के भाषण का सिर्फ इसलिए विरोध कैसे कर सकते है? क्या केवल इस कारण कि उन्होंने कहा है कि हिंदू के रूप में उनका आखरी भाषण है?

जब मा. संतराम जी डॉ. अंबेडकर के भाषण के सारे तथ्यों व तर्कों की बहुत प्रशंसा करते है तब उन्हें भाषण देने से रोकना बेमानी लगता है। यहां यह पूछना बिल्कुल उचित होगा कि यदि मंडल शास्त्रों को स्वीकार नहीं करता है तो फिर वह किसमें विश्वास करता है? एक मुसलमान यदि कुरान को नहीं मानता है तो वह मुसलमान कैसे रह सकता है, बाईबिल को नहीं मानने वाला ईसाई भला ईसाई कैसे बना रह सकता है? यदि जाति और वर्ण दोनों एक ही चीज है और वर्ण उन शास्त्रों का प्रमुख अंश है, जो यह बताते है कि हिन्दू धर्म क्या है, तो मैं नही समझता कि कोई व्यक्ति जो जाति अर्थात वर्ण को नहीं मानता वह अपने को हिंदू कैसे कह सकता है? श्री मा. संतराम शास्त्रों को कीचड़ की उपमा देते है। जहां तक मुझे जानकारी है डॉ. अंबेडकर ने शास्त्रों को ऐसा सुरम्य (picturesque) नाम नहीं दिया। जब मैं कहता हूं कि यदि शास्त्र वर्तमान छुआछूत का समर्थन करते है तो मैं अपने आपको हिंदू कहना छोड़ दूंगा, तो मैं यह बात यूं ही नहीं कहता। इसी प्रकार यदि शास्त्र वर्तमान छुआछूत के घृणाजनक रूप व जात-पांत का समर्थन करते है तो मैं अपने आपको न हिंदू कहूंगा और न ही हिंदू रहूंगा, क्योंकि अन्तर्जातीय विवाह और भोज में कोई संकोच नहीं हैं। मुझे शास्त्रों और उनकी व्याख्या के संबंध में अपनी स्थिति दुबारा बताने की जरूरत नहीं है। मैं संतराम को यह सुझाव देने का जोखिम उठाता हूं कि केवल यही नजरिया तर्कसंगत सही, नैतिकता से पूर्ण और हिंदू परम्परा द्वारा प्रमाणित भी है। ('हरिजन', 15 अगस्त, 1936)

परिशिष्ट - II

डॉ. अंबेडकर का महात्मा गांधी को उत्तर

1. महात्मा जी ने मेरे जात-पांत तोड़क मंडल के लिए जात-पांत के विषय पर तैयार किए गए भाषण पर अपने अखबार 'हरिजन' में टिप्पणी लिखकर मुझे जो सम्मान दिया है मैं उसके लिए उनका बड़ा आभारी हूं। उनके द्वारा मेरे भाषण पर की गई आलोचना और विचार करने से यह स्पष्ट होता है कि महात्मा जी मेरे जात-पांत के विषय पर व्यक्त किए गए विचारों से पूरी तरह से असहमत है। मेरा यह स्वभाव है कि प्रायः मैं अपने विरोधियों से बहस नहीं करता हूं, जब तक कि कोई विशेष कारण मुझे अपने इस स्वभाव से उल्ट काम करने के लिए मजबूर नहीं कर दें। यदि मेरा कोई विरोधी साधारण और अनजान व्यक्ति होता है तो मैं उसकी परवाह नहीं करता, लेकिन मेरे विरोधी खुद महात्मा जी है इसलिए मैं महसूस करता हूं कि मुझे अपने विरोधी पक्ष को उनकी बात का उत्तर जरूर देना चाहिए। हालांकि मैं उनका आभारी हूं कि उन्होंने मुझे सम्मान दिया है, मुझ पर उन्होंने जो आरोप लगाया है उस पर आश्चर्य होता है। उन्होंने आरोप लगाया कि लाहौर में भाषण न देने के बावजूद भी मैंने भाषण सिर्फ इसलिए छपवाया कि मेरा प्रचार हो और लोग मुझे भूल न जाए। महात्माजी चाहे कुछ भी कहे लेकिन भाषण छपवाने का मेरा मकसद हिंदुओं को सोचने, विचार करने और उन्हें अपनी स्थिति (position) का सही ज्ञान कराना था। उन्हें इसके लिए प्रेरित करना था। मुझे प्रसिद्धि पाने का लालच (hankered for publicity) कभी नहीं रहा और मैं अपने प्रचार के लिए कभी लालायित नहीं रहा, वह तो मुझे अपनी इच्छा और जरूरत से ज्यादा मिल चुकी है। यदि मान भी लिया जाए कि मैंने प्रसिद्धि पाने के लालच में भाषण को छपवाया है, तब भी मेरे ऊपर पत्थर कौन फेंक सकता है? निश्चय ही वे लोग नहीं जो महात्माजी की तरह शीशे के महल में रहते है।

2. भाषण छपवाने का मेरा उद्देश्य क्या था, इस विषय को छोड़ भी दें तब भी भाषण में मेरी ओर से उठाए गए सवालों के बारे में महात्माजी को क्या कहना है? सबसे पहली बात यह कि जो भी मेरा भाषण पढ़ेगा, उसे यह एहसास होगा कि मैंने जो सवाल उठाए है महात्माजी ने उन्हें छुआ तक नहीं है और पीछे हट गए है। उन्होंने जो सवाल उठाए है वे विचाराधीन सवाल नहीं है, और न ही मेरे भाषण से पैदा होते है मैंने भाषण में जिन मुख्य मुद्दों को उठाने की कोशिश की है, वे इस प्रकार है -

a. जात-पांत ने हिंदुओं को बर्बाद (ruined) किया है।

b. चार वर्णो के आधार पर हिंदू समाज का पुननिर्माण करना संभव नहीं है क्योंकि वर्ण-व्यवस्था एक फुटे घड़े या अपनी नाक की सीध में दौड़ने वाले व्यक्ति के समान या उस मनुष्य की तरह है जो अपने ही अवगुणों के कारण खुद को संभालने में असमर्थ है। वर्ण-व्यवस्था में यह प्रवृति पायी जाती है कि यदि वर्ण की सीमाओं को तोड़ने वाले के खिलाफ कानूनी व्यवस्था नहीं हो, तो वर्ण-विभाजन बिगड़ कर जाति विभाजन का रूप धारण कर लेगा।

c. हिंदू समाज का पुनर्गठन वर्ण-व्यवस्था के आधार पर करना घातक होगा क्योंकि वर्ण व्यवस्था से हर व्यक्ति को विद्या प्राप्त करने का अधिकार नहीं होता है और शिक्षा से वंचित लोगों को निचला दर्जा जाता है। इसके अलावा शस्त्र धारण का अधिकार न देकर उन्हें नपुसंक (emasculate) बना देती है। है

d. हिंदू समाज को स्वतंत्रता, समानता और भाईचारे के आधार पर बनी धार्मिक भावना के सहारे ही फिर से संगठित किया जाना चाहिए।

e. इस उद्देश्य में सफल होने के लिए वर्ण और जाति के पीछे धार्मिक पवित्रता (religious sanctity) की भावना को पूरी तरह खत्म कर देना चाहिए।

f. जाति व वर्ण की पवित्रता की भावना का पूरी तरह से तभी अंत किया जा सकता है जब शास्त्रों को ईश्वर वाक्य अर्थात देव-वाणी (divine authority) मानना छोड़ दिया जाए। यह सब जानकर अब पाठक समझ सकेंगे कि महात्माजी द्वारा उठाए गए सवाल इस विषय से बिल्कुल अलग है, अप्रासंगिक है और ऐसा लगता है कि भाषण के प्रमुख तर्क को तो उन्होंने छुआ तक नहीं है।

3. महात्माजी ने मेरे भाषण में जो एतराज उठाए है अब मैं उनकी पड़ताल करता हूं। महात्माजी ने पहला एतराज यह किया है कि मैंने जो श्लोक प्रस्तुत किए है वे प्रमाणिक नहीं है। मैं यह मानता हूं कि मैं इस विषय का विशेषज्ञ नहीं हूं फिर भी मैं यह कहना चाहूंगा कि जो श्लोक मैंने पेश किए है, वे सभी दिवंगत गंगाधर तिलक के लेखों से लिए गए है और तिलक संस्कृत भाषा और हिंदू शास्त्रों के बहुत बड़े विद्वान माने जाते थे। महात्माजी का दूसरा एतराज यह है कि इन शास्त्रों का अर्थ वह नहीं लेना चाहिए जो विद्वान कहते हैं बल्कि वह अर्थ लेना चाहिए जो साधु-संत महात्मा करते है क्योंकि साधु-संत उन श्लोकों का जो भाव समझते है विद्वान लोग उसे नहीं समझ पाते। शास्त्र जाति व्यवस्था और छुआछूत का समर्थन नहीं करते है।

पहले सवाल के संबंध में मैं महात्माजी से पूछना चाहता हूं कि यदि कोई श्लोक शास्त्रों में बाद में जोड़ा गया है या साधु-संतों ने इसके विभिन्न अर्थ निकाले है, अलग व्याख्या की गई है तो इससे किसी को क्या लाभ हो सकता है। आम लोग असली श्लोक वाले शास्त्र और बाद में जोड़े गए श्लोकों में कोई अंतर नहीं समझते, उन्हें तो यह भी पता नहीं होता है कि श्लोक क्या है, और शास्त्र क्या है। वे तो इतने अनपढ़ या कम पढ़े लिखे है कि उन्हें यह भी मालूम नहीं है कि

शास्त्रों में क्या लिखा है। उन्हें जो बताया गया है सिर्फ वही जानते है, और उन्हें यह बताया गया है कि जाति और छुआछूत को मानने के पीछे धार्मिक स्वीकृति है, यह शास्त्रों का आदेश है।

जहां तक संतों का संबंध है यह मानना पड़ेगा कि विद्वानों की शिक्षाओं के आगे इनके उपदेश अर्थहीन साबित हुई। उनके अर्थहीन होने के दो कारण है। पहला कारण यह है कि वे सभी साधु-संत जाति व्यवस्था में आस्था रखते थे। संतों में से किसी ने कभी भी जाति व्यवस्था पर हमला नहीं बोला। वे अधिकतर जीवन भर अपनी ही जाति में रहे और अपनी ही जाति के नाम पर मर गये। संत ज्ञानदेव को ही लीजिए, उन्हें अपनी ब्राह्मण जाति के नाम से इतना मोह था कि एक बार जब पैठण के ब्राह्मणों द्वारा उन्हें बिरादरी से बाहर कर दिया तो उन्होंने अपने को 'ब्राह्मण' कहलवाने के लिए जमीन आसमान एक कर दिया। संत एकनाथ जिसे 'धर्मात्मा' नामक फिल्म में अछूतों को छूने और उनके साथ खाना खाने की हिम्मत दिखाते हुए हीरो के रूप में पेश किया गया है, उसने ऐसा इसलिए नहीं किया कि वह जात-पांत और छुआछूत के खिलाफ था बल्कि इसलिए किया कि उसकी यह धारणा थी कि ऐसा करने से जो पाप लगेगा वह पवित्र गंगा में स्नान करने से धुल जाएगा।

मेरे अध्ययन व जानकारी के अनुसार किसी साधु-संत ने कभी भी जाति व्यवस्था और छुआछूत के खिलाफ लड़ाई नहीं लड़ी। उन्हें इंसान इंसान के बीच हो रहे आपसी झगड़ों से कोई मतलब नहीं था, उन्हें तो सिर्फ इंसान और परमात्मा के बीच संबंधों की चिंता थी। उन्होंने कभी भी यह शिक्षा नहीं दी कि सभी इंसान समान है बल्कि यह प्रचार किया कि ईश्वर की नजर में सभी इंसान समान है। साधु-संतों का यह प्रचार बहुत अलग ऐसा था जिसे सीधे रूप से किसी को कोई नुकसान नहीं होता था, जिसे मानने में कोई डर भी नहीं था और विश्वास करना किसी के लिए खतरनाक नहीं था। इसलिए यह एक अलग तरह का और अनर्थकारी कथन साबित हुआ। इसका सामाजिक जाति व्यवस्था और छुआछूत से कोई संबंध नहीं था।

साधु-संतों के उपदेश व्यर्थ साबित होने का दूसरा कारण यह रहा कि ग्रंथों के द्वारा आम लोगों को यह सिखाया गया है कि साधु संत तो जाति-पांति के बंधन को तोड़ सकता है लेकिन एक आम व्यक्ति यह बंधन नहीं तोड़ सकता। इसलिए संत कभी ऐसा उदाहरण नहीं बना जिसके बताए मार्ग पर आम लोग चलते है। इसी कारण जनता का जाति-पांति व छुआछूत पर पूरा विश्वास ही रहा और साधु संत हमेशा एक पवित्र और सम्मान योग्य धर्मपरायण व्यक्ति बने रहे। लोगों का जाति और छुआछूत में गहरा विश्वास रखना यह साबित करता है कि साधु संतों के धर्मपरायण व पवित्र जीवन का आम जनता पर ब्राह्मणों के शास्त्रों के आदेशों के खिलाफ कोई प्रभाव नहीं पड़ा। इस प्रकार यह कोई संतोष की बात नहीं हो सकती है कि साधु ऐसे थे, साधु वैसे थे या एक महात्मा ऐसा था जो शास्त्रों का अर्थ कुछ थोड़े से विद्वानों या बहुत से अज्ञानी लोगों की अपेक्षा अलग करता है। इस वास्तविकता को स्वीकार करना ही पड़ेगा कि साधारणजन की

शास्त्रों से अलग राय है। शास्त्रों में दिए गए प्रमाणों या आदेशों का अभी भी जनता के व्यवहार पर नियंत्रण रहता है, जब तक इन्हें समाप्त नहीं किया जाता तब तक इस वास्तविकता की उपेक्षा नहीं की जा सकती। यह ऐसा सवाल है जिस पर गांधीजी ने ध्यान ही नहीं दिया। लेकिन जनता को शास्त्रों की शिक्षाओं से आजाद करने के लिए महात्माजी चाहे कोई भी योजना, एक असरदार साधन के रूप में पेश करें, उन्हें यह मानना पड़ेगा कि उनके अपने लिए एक महान पुरूष का पवित्र जीवन भले ही आगे बढ़ाने वाला हो लेकिन भारत का आम आदमी साधु-संतों के प्रति पूजा सम्मान की भावना तो रखता हो लेकिन उनके बताए मार्ग पर चलने की भावना नहीं रखता है। भला ऐसी स्थिति में ऐसी योजनाओं से किसी लाभ की आशा नहीं रखनी चाहिए।

4. महात्माजी का तीसरा एतराज यह है कि मैंने जिस धर्म को इतना गुणहीन बताया है, वह वैसा कैसे हो सकता है जिसे संत चैतन्य, ज्ञानदेव, तुकाराम, तिरूवल्लवर, रामकृष्ण परमहंस आदि मानते थे और किसी धर्म के प्रति कोई धारणा उस धर्म के सबसे बुरे उदाहरणों से नही बल्कि सबसे अच्छे आदर्शो के आधार पर बनानी चाहिए। मैं गांधीजी के इस विचार के हर शब्द से सहमत हूं लेकिन मैं यह बिल्कुल नहीं समझ पा रहा हूं कि आखिर गांधीजी इससे क्या साबित करना चाहते है? यह सही है कि किसी धर्म को परखने के लिए उसके सबसे निकृष्ट उदाहरण को नहीं बल्कि सबसे उत्तम आदर्श लेना चाहिए। लेकिन क्या इसी में मामला समाप्त हो जाता है, मैं कहता हूं, नहीं। सवाल फिर उठता है कि हिंदू धर्म में सबसे खराब उदाहरणों के बुरे लोगों (worst specimens) की संख्या इतनी ज्यादा और उत्तम (best) की संख्या इतनी कम क्यों है? मेरे विचार से इसके दो ही जवाब हो सकते है -

a. क्या सबसे बुरे लोग अपनी किसी मूल प्रतिकुलता (original perversity) या खुद की मौलिक बुराई के कारण नैतिक दृष्टि से सिखाने लायक नहीं है इसलिए धर्म का आदर्श रूप है और उसे दूर-दूर पहुंचाने के अयोग्य है? या

b. जो धार्मिक आदर्श है वे पूरी तरह अशुद्ध व गलत आदर्श है और उन्होंने बड़ी संख्या के मनुष्यों में अनैतिकता पैदा कर दी है। और उत्तम लोग इस अपवित्र व गलत नैतिक प्रवृति के होते हुए भी उसे ठीक दशा में बदलकर उत्तम ही बने रहे। सच तो यह है कि गलत को सही दिशा की ओर मोड़कर ही वे ऐसा कर सके है।

मैं इन दो समाधानों मे से पहले को स्वीकार करने को तैयार नहीं हूं और मुझे पूरा विश्वास है कि महात्माजी भी इससे अलग मानने का दबाव नहीं डालेंगे। सबसे बुरे लोग इतने अधिक और सबसे अच्छे लोग इतने कम क्यों है, जब तक इसके समाधान के लिए महात्मा जी कोई तीसरा विकल्प नहीं बताए, तब तक मुझे तो दूसरा ही तर्क ही इसका उचित समाधान लगता है और यदि दूसरा तर्क ही समाधान युक्त है तो यह बात स्पष्ट है कि महात्माजी का यह कहना कि किसी धर्म को सबसे उत्तम अनुयायियों से ही परखना चाहिए, हम केवल इस परिणाम पर ही पहुंचते

हैं कि हम उन अनेकों के भाग्य पर दुख प्रकट करें जो गलत हो गए है। वे इसलिए गलती पर है क्योंकि वे गलत आदर्शों की पूजा करने के लिए मजबूर है।

5. महात्मा जी का यह तर्क कि यदि लोग साधू संतों के बताए मार्ग भी ही अपनाएं तो हिंदू धर्म सभी के लिए सहनीय (tolerable) हो जाएगा। महात्माजी की यह बात भी एक अन्य कारण से गलत साबित होती है। चैतन्य जैसे महान व्यक्तियों का उदाहरण देकर विशाल व सरल रूप में यह बताने की कोशिश की है कि यदि हिन्दू वर्ण व्यवस्था के ऊपर के तीन वर्णो यानी ऊंची जाति के हिंदुओं को छोटी जाति के हिंदुओं के साथ सदाचार पूर्ण व्यवहार करने के लिए प्रेरित किया जा सके तो हिंदू की रचना में कोई मूल परिवर्तन किए बिना ही सुखी, खुशहाल व सहनीय बनाया जा सकता है। मैं इस विचारधारा का पूरी तरह से विरोधी रहा हूं। मैं उन सवर्ण हिंदुओं की इज्जत करता हूं जो जीवन के ऊंचे सामाजिक आदर्श पेश करने की कोशिश करते है क्योंकि यदि ऐसे लोग भारत में नहीं हो तो यह देश जितना इस समय रहने लायक है उससे भी कहीं अधिक घिनौना (uglier) और कम खुशहाल होता।

सवर्ण हिंदुओं को उनके व्यक्तिगत चरित्र द्वारा बेहतर मनुष्य बनाने की जो व्यक्ति इच्छा करता है, वह न केवल अपना समय और श्रम व्यर्थ करता है, अपनी शक्ति बर्बाद करता है बल्कि वह इस बड़े भ्रम को पाले हुए है। क्या व्यक्तिगत चरित्र (personal character) किसी हथियार बनाने वाले व्यक्ति को अच्छा मनुष्य बना सकता है? अर्थात एक ऐसा मनुष्य जो इस प्रकार के बम गोले बनाए जो फटे नहीं या ऐसी गैस बनाए जो जहरीला असर नहीं करें? यदि वह ऐसा नहीं कर सकता, आप कैसे मान सकते है कि व्यक्तिगत चरित्र से जातीय प्रतिष्ठा के प्रति सजग सवर्ण व्यक्ति ऐसा अच्छा मनुष्य कैसे बन जाएगा कि वह अपने साथियों से मित्रता और समानता का व्यवहार करेगा? सच्चाई यह है कि वह अपने साथियों के साथ परिस्थिति के अनुसार अपनी जाति से अलग जाति के लोगों के साथ ऊंचा या नीचा मानकर अपना व्यवहार करेगा। उससे कभी यह आशा नहीं की जा सकती कि वह अपने साथियों से अपनापन और समानता का व्यवहार करेगा। वास्तविकता तो यह है कि एक हिंदू उन लोगों के साथ जो उसकी अपनी जाति के नहीं है उनके साथ विदेशियों जैसा व्यवहार करता है। वह उसे ऐसा व्यक्ति मानता है जिसके खिलाफ आप ऐसा व्यवहार करने को स्वतंत्र है और जिसके खिलाफ आप बिना शर्म के कोई भी धोखाधड़ी और चालाकी कर सकते है। कहने का अर्थ यह है हिंदू थोड़ा अच्छा या थोड़ा बुरा हो सकता है लेकिन एक अच्छा हिंदू नहीं हो सकता। ऐसा इसलिए नहीं है कि उसमें व्यक्तिगत चरित्र में कोई बुराई है। असल में जो बुराई है वह उसके मानवीय अंतर्व्यवहार की मूल संरचना में है जिस पर वह अपने साथियों से उसके संबंध पर आधारित है। अच्छा से अच्छा व्यक्ति भी सदाचारी नहीं रह सकता, यदि उसका अन्य मनुष्यों से आपसी व्यवहार ही बुनियादी तौर पर गलत धारणाओं पर टिका हो। एक गुलाम (slave) के लिए उसका मालिक (master) थोड़ा

अच्छा या थोड़ा बुरा हो सकता है लेकिन एक गुलाम का मालिक कभी भी अच्छा या नेक इंसान नहीं हो सकता। एक अच्छा मनुष्य मालिक नहीं हो सकता है और एक मालिक अच्छा मनुष्य नहीं हो सकता।

यही बात ऊंची और नीची जाति के बीच संबंधों पर भी लागू होती है। नीची जाति के व्यक्ति के लिए ऊंची जाति वाला, दूसरे ऊंची जाति के व्यक्ति के मुकाबले में थोड़ा अच्छा या थोड़ा बुरा हो सकता है। एक ऊंची जाति का व्यक्ति उस समय तक अच्छा व्यक्ति नहीं हो सकता जब तक कि अपनी ऊंची जाति की पहचान के लिए उसको नीची जाति का व्यक्ति चाहिए। किसी नीची जाति के व्यक्ति के लिए मन का यह एहसास कि उसके ऊपर ऊंची जाति के लोग है अच्छी बात नहीं हो सकती।

मैंने अपने भाषण में यह तर्क दिए है कि वर्ण और जाति पर आधारित समाज एक ऐसा समाज है जो गलत अन्तर्संबन्धों पर आधारित समाज है। मुझे आशा थी कि महात्माजी मेरे तर्कों को खारिज करने की कोशिश करेंगे लेकिन ऐसा करने की बजाय उन्होंने बिना यह जाहिर किए कि वह किस आधार पर खड़े है, उन्होंने चातुर्वर्ण व्यवस्था में ही अपना विश्वास दोहराया है।

6. महात्माजी जिस बात का प्रचार (preaches) करते है क्या वह खुद भी उसका आचरण (practice) करते है? ऐसा संदर्भ जो सभी पर लागू होता है उसे कोई व्यक्ति अपने व्यक्तिगत जीवन में हवाला देने के लिए पसंद नहीं करता लेकिन जब कोई व्यक्ति किसी विचार या उपदेश कर प्रचार करता है और उसे एक सिद्धांत (dogma) मानता है तो यह जानने की उत्सुकता होती है कि जिस बात का वह प्रचार करता है उस पर स्वयं कहां तक आचरण करता है। हो सकता है कि उसके अनुसार आचरण करने में उसे सफलता नहीं मिल सकी हो, क्योंकि या तो उसके सिद्धांत या आदर्श इतने ऊंचे है कि उन्हें प्राप्त नहीं किया जा सकता या उसके अनुसार आचरण करने में असफलता का दूसरा कारण यह भी हो सकता है कि यह केवल उस व्यक्ति का स्वभाविक घमंड या जन्मजात पाखंड (innate hypocrisy) है। जो भी हो, किसी भी स्थिति में ऐसा व्यक्ति अपने आचरण की परीक्षा के लिए हमारे सामने खुला छोड़ देता है।

मुझे कोई दोष नहीं देना चाहिए यदि मैं महात्माजी से पूछें कि उन्होंने अपने आदर्श (ideal) को व्यवहारिक व प्रमाणिक बनाने के लिए अपनी ही व्यवस्था में कहां तक कोशिश की है? गांधीजी जन्म से बनिया है। उनके पूर्वजों ने व्यापार छोड़कर रजवाड़ों के दीवान (minister) बन गये, जो ब्राह्मणों का पेशा है। महात्मा बनने से पहले जब उनके जीवन में अपना पेशा चुनने का अवसर आया तो उन्होंने तराजू की बजाय बैरिस्टरी की कानूनी पढ़ाई को अच्छा समझा। कानून का काम छोड़ने के बाद वह आधे संत और आधे पोलिटिशियन बन गये। व्यापार तो उनके पूर्वजों का पेशा है लेकिन उसमें उन्होंने कभी हाथ भी नहीं लगाया। उनका सबसे छोटा पुत्र, मैं सिर्फ उस पुत्र का उदाहरण देता हूं जो अपने पिता का वफादार अनुयायी है, जो जन्म से वैश्य

है, उसने एक ब्राह्मण की बेटी से शादी की और उसने एक बड़े पूंजीपति के अखबार के अधीन काम करने के पेशे का चुनाव किया। मुझे नहीं मालूम कि महात्माजी ने अपना पुश्तैनी व्यवसाय न अपनाने के लिए कभी अपने बेटे को बुरा या गलत कहा हो। किसी भी आदर्श की जांच करने के लिए उसके सबसे बुरे उदाहरणों को लेना गलत व कठोर हो सकता है लेकिन महात्माजी से अच्छा दूसरा कोई और उदाहरण नहीं हो सकता। यदि वे खुद इस आदर्श को अपनाने में सफल नहीं होते है तो उनका यह आदर्श जरूर एक असंभव और व्यक्ति के व्यवहारिक ज्ञान के बिल्कुल विपरीत है।

जिन लोगों ने कार्लाइल की किताबों को पढ़ा है वे जानते है कि वह हमेशा किसी विषय पर विचार करने से पहले ही बोल देता था। मैं हैरान हूं कि जाति-पांति के संबंध में भी कही गांधीजी की दशा भी वैसी ही तो नहीं है। वरना कुछ सवाल मेरे मन में उठते है जिनसे वह ऐसे ही बचकर नहीं निकल सकते। किसी व्यक्ति के लिए किसी कार्य को मजबूरी में करने के लिए कोई पेशा पैतृक माना जा सकता है? क्या किसी व्यक्ति को अपना पैतृक पेशा तब भी अवश्य करना चाहिए यदि वह उसकी योग्यता या क्षमता के अनुरूप नहीं हो और क्या किसी व्यक्ति को पैतृक पेशा तब भी अवश्य करना चाहिए यदि वह पेशा पाप (immoral) करने वाला हो। यदि हर व्यक्ति के लिए यह जरूरी हो कि वह अपने पूर्वजों का ही पेशा करें तो उसका परिणाम यह भी जरूर निकलता है कि किसी व्यक्ति का दादा वेश्या का दलाल (pimp) था तो उसे भी दलाली का ही काम जारी रखना चाहिए और किसी स्त्री की दादी वेश्या (prostitute) थी तो उसको भी वेश्या ही बनना चाहिए। क्या गांधीजी अपने विश्वास के तर्क युक्त परिणाम को स्वीकार करने के लिए तैयार है? मेरे विचार में उनके आदर्श में व्यक्ति को वही व्यवसाय करना चाहिए जो उसके पूर्वजों का हो। यह आदर्श सिर्फ असंभव और अव्यवहारिक (impossible and impractical) ही नहीं है बल्कि नैतिक दृष्टि से भी अमानवीय व अमाननीय (indefensible) भी है

7. महात्माजी एक ब्राह्मण के जीवन भर ब्राह्मण बना रहने को बड़ी अच्छी बात समझते है। यह सच है कि अनेक ब्राह्मण ऐसे है जो अपनी सारे जीवन में ब्राह्मण पुरोहित बने रहना पसंद नहीं करते। ऐसे ब्राह्मणों के बारे में हम कुछ नहीं कहे, लेकिन कुछ ब्राह्मण ऐसे भी है जो आजीवन ब्राह्मण बने रहना चाहते है जो पुश्तैनी पुरोहिताई के व्यवसाय से चिपके रहना चाहते है। क्या वे इस आदर्श को पवित्र पेशा मानकर ऐसा करते है या धन के लालच में करते है? ऐसा लगता है कि महात्माजी को ऐसे सवालों व जिज्ञासाओं से कोई मतलब नहीं है। उन्हें तो इसी बात का संतोष है कि, "सच्चे ब्राह्मण वे है जो इच्छा से दिए दान दक्षिणा पर गुजारा कर रहे हैं और खुले दिल से आध्यात्मिक खजाना लूटा रहे है।" महात्माजी ब्राह्मण पुरोहित की परम्परा के इस स्वरूप को आध्यात्मिक परम्पराओं (spritual treasurers) का वाहक समझते है। लेकिन इन परम्परागत ब्राह्मणों का दूसरा रूप भी देखा जा सकता है।

एक ब्राह्मण प्रेम के देव (love) विष्णु का पुजारी हो सकता है और प्रलय या विनाश के देवता शंकर का पुजारी भी हो सकता है। वह उन बुद्ध का पुजारी भी हो सकता है जो मानवता के सबसे महान शिक्षक थे और जिन्होंने प्रेम व करूणा के पवित्र संदेश की शिक्षा दी। एक ब्राह्मण उस काली देवी का भी पुजारी हो सकता है जिसकी रक्त की प्यास बुझाने के लिए हर दिन पशुओं की बलि देना जरूरी है। वह राम या क्षत्रिय देवता के मंदिर का पुजारी भी हो सकता है और परशुराम मंदिर का भी पुजारी हो सकता है जिसने क्षत्रियों का सर्वनाश करने के लिए अवतार लिया था। वह उस सृष्टि के रचियता ब्रह्मा का पुजारी भी हो सकता है। वह उस पीर का पुजारी भी हो सकता है जिसका परमेश्वर, अल्लाह, ब्रह्मा के सृष्टि रचियता होने के दावे को अस्वीकार करता है। कोई यह नहीं कह सकता कि जीवन का यह चित्रण सही नहीं है। यदि वह तस्वीर सही है तो एक दूसरे से इतनी विरोधापूर्ण विशेषताएं रखने वाले देवी-देवताओं के प्रति भक्ति विश्वास को कोई ईमानदार व्यक्ति कैसे बनाए रख सकता है, क्योंकि वह सभी का भक्त नहीं हो सकता। हिंदू अपने धर्म की इस विचित्र बात को धर्म का सबसे बड़ा गुण या महान विशेषता मानते है और उसे चित्त की उदारता और सहिष्णुता का भाव समझकर उदाहरण के रूप में पेश करते है।

इस दृष्टिकोण के खिलाफ यह कहा जा सकता है कि चित की उदारता (catholicity) और सहिष्णुता वास्तव में उदासीनता और ढुलमुल विश्वास के सिवाय कुछ नहीं है। इन दोनों भावों को बाहर से देखने पर फर्क करना बहुत मुश्किल है, लेकिन गहराई से परखने पर अपने वास्तविक गुण में एक दूसरे से इतने बहुत अलग है। जो भी व्यक्ति ध्यान से जांच करेगा तो वह एक दूसरे से अलग पहचानने में भूल नहीं करेगा। कोई व्यक्ति अनेक देवी-देवताओं की पूजा अर्चना करने को तैयार हैं। यह उसके सहनशील स्वभाव के प्रमाण के रूप में पेश किया जाता है लेकिन क्या यह स्वार्थ से अपनाए गए छलावे, झूठ या सिर्फ एक पाखंड नहीं हो सकता? मेरा विश्वास है कि यह सहनशीलता (toleration) सिर्फ एक निष्ठाहीनता (insincerity) है। यदि इस विचार का आधार मजबूत है, सही नजरिया है तब कोई भी यह पूछ सकता है कि ऐसे व्यक्ति के पास कौनसे आध्यात्मिक गुणों का खजाना होगा जो अपना स्वार्थ साधने हेतु किसी भी देवी-देवता की पूजा-अर्चना करने को तैयार है? ऐसे व्यक्ति को आध्यात्मिक गुणों के स्तर पर दिवालिया (bankrupt of spiritual treasures) समझा जाना चाहिए और केवल वंश परम्परा के आधार पर बिना श्रद्धा-विश्वास और आस्था पुजारियों के पवित्र व सदाचार वाले पेशे को केवल बाप से मिली विरासत में अपनाने वाले लोग आध्यात्मिक गुणों के रक्षक नहीं हो सकते है। बाप से मिले पेशे को सिर्फ इसलिए निभाता है क्योंकि यह एक पैतृक पेशा है लेकिन इससे सद्गुणों की रक्षा नहीं हो सकती। असल में यह तो धर्म की सेवा के नाम पर एक महान व पवित्र पेशे को भ्रष्ट और कलंकित करना है।

8. महात्माजी हर व्यक्ति को अपने पैतृक व्यवसाय अपनाने के सिद्धांत से क्यों चिपकाए

हुए हैं? वह इसका कारण नहीं बताते है लेकिन कुछ तो वजह है जिसे महात्माजी उसे जाहिर नहीं करना चाहते। बहुत साल पहले उन्होंने अपने अखबार 'यंग इंडिया' में 'जाति बनाम वर्ण' (caste versus class) पर लिखते हुए जाति प्रथा को इसलिए श्रेष्ठ बताया था कि वह समाज में स्थिरता (social stability) स्थापित करती है। यदि महात्माजी को व्यक्ति को अपना पैतृक व्यवसाय अपनाए रखने के सिद्धांत का यही कारण है तो वह सामाजिक जीवन के एक गलत नजरिए की पैरवी कर रहे है। हर कोई सामाजिक स्थिरता चाहता है और इस स्थिरता को हासिल करने के लिए व्यक्तियों और वर्णों संबंधों के बीच कुछ सामंजस्य (adjustment) स्थापित होना चाहिए। मुझे विश्वास है कि दो बातें कोई नहीं चाहता। पहली तो यह कि कोई ऐसे स्थिर (static) संबंध नहीं चाहता जिन्हें बदला नहीं जा सकें और जिन्हें शाश्वत यानी अपरिवर्तनशील व हमेशा के लिए फिक्स माना जाए। स्थिरता तो चाहिए लेकिन परिवर्तन की कीमत पर नहीं होनी चाहिए क्योंकि परिवर्तन तो होना अवश्य (imperative) है। अर्थात उस परिवर्तन की बलि देकर नहीं होनी चाहिए जो बहुत जरूरी है। दूसरी बात जो कोई नहीं चाहता है कि सिर्फ एडजस्टमेंट हो। सामंजस्य तो चाहिए लेकिन सामाजिक न्याय की बलि देकर नहीं (sacrifce of social justice), क्या यह कहा जा सकता है कि जाति के आधार पर एडजस्टमेंट अर्थात अपने पैतृक व्यवसाय को अपनाने के आधार पर सामंजस्य होने से इन दो बुराईयों से बचना संभव है? मुझे विश्वास है ऐसा संभव नहीं है। मुझे यह कहने में कोई शक नहीं है कि यह सबसे गलत प्रयास होगा। क्योंकि यह सामाजिक सामंजस्य की समानता (equity) और गतिमानता के मूल प्रवाह (fluidity) में बाधा बनेगा।

9. कुछ लोग यह सोचते होंगे कि महात्माजी के विचारों में काफी प्रगति हो चुकी है क्योंकि वह अब जाति में नही बल्कि सिर्फ वर्ण व्यवस्था में विश्वास करते है। यह सच है कि एक समय महात्मा एक कट्टर (full-blooded and blue-blooded) सनातनी हिंदू थे और वेद, उपनिषद, पुराण आदि सभी को मानते थे जो हिंदुओं के धर्म ग्रंथ है। वह जाति व्यवस्था में भी विश्वास रखते थे और पूरी क्षमता व शक्ति के साथ एक रूढ़िवादी (orthodox) की तरह इसका समर्थन करते थे। वे जातियों में आपसी मेल मिलाप, खान-पान और शादी-ब्याह का भी भारी विरोध करते थे। वे अंतर्जातीय विवाह व अंतर्जातीय भोज की बुराई करते थे। इस बारे में उनका कहना था कि "इससे इच्छा शक्ति पैदा करने और सामाजिक शुद्धता (social virtue) बनाए रखने में काफी मदद मिलती है।" यह अच्छी बात है कि उन्होंने इस पाखंडपूर्ण बकवास (sanctimonious nonsence) को मानना छोड़ दिया और यह मान लिया कि जात-पांत आध्यात्मिक और देश के विकास के लिए बहुत नुकसानकारी है। हो सकता है कि उनके पुत्र का अपनी जाति से बाहर शादी करना इन्ही विचारों के परिवर्तन के कारण हुआ हो। लेकिन क्या महात्मा ने वास्तव में कुछ प्रगति की है? महात्मा जिस वर्ण के पक्ष में है उसका स्वरूप (nature) क्या है? क्या वह स्वामी

दयानंद सरस्वती और उनके आर्य समाजी अनुयायियों द्वारा प्रचारित की जाने वाली वर्ण की वैदिक अवधारणा है? वेद में वर्ण की धारणा का सार यह है कि व्यक्ति वह व्यवसाय अपनाए जो उसकी क्षमता व स्वभाविक योग्यता के अनुरूप हो। वर्ण के संबंध में महात्माजी के सिद्धांत के विचार का सार यह है कि व्यक्ति की प्राकृतिक स्वभाविक क्षमता या रूचि की बजाय अपना पैतृक व्यवसाय करना चाहिए।

महात्माजी के विचार के अनुसार जाति और वर्ण में (caste and varna) क्या फर्क है? मुझे तो कोई फर्क दिखाई नहीं देता। उनके अनुसार तो वर्ण ही जाति का दूसरा नाम हो जाता है। इसका मतलब यह है कि दोनों का सार एक ही है यानी पैतृक व्यवसाय किया जाए। विचारों में आगे की ओर प्रगति करना तो दूर महात्माजी तो उल्टा पीछे चले गए (retrogression) है। अवधारणा बिठाने की कोशिश करके उन्होंने एक महत्वपूर्ण बात को हास्यास्पद (rediculous) बना दिया है मैं अपने भाषण में दिए गए कारणों के आधार पर वैदिक वर्ण-व्यवस्था को रद्द (reject) करता हूं। वहीं मैं यह स्वीकार करता हूं कि वर्ण के वैदिक सिद्धांत के स्वामी दयानंद और कुछ अन्य लोगों की ओर से की गई व्याख्या समझ में आने लायक (sensible) और अनाक्रामक (inoffensive) है। यह व्याख्या किसी व्यक्ति का समाज में स्थान तय करने के लिए जन्म को निर्णायक मानने के सिद्धांत को स्वीकार करती है। वर्ण के संबंध में महात्माजी का दृष्टिकोण न केवल वैदिक वर्ण की खिल्ली उड़ाकर बेहुदा बना देता है बल्कि यह वर्ण को घृणास्पद भी बना देता है। वर्ण और जाति दो अलग-अलग विचार है। वर्ण व्यक्ति की योग्यता पर आधारित है जबकि जाति व्यक्ति के जन्म पर आधारित है। दोनों ठीक उसी प्रकार से अलग है जैसे पनीर और चॉक। असल में दोनों एक दूसरे के उल्टे है। यदि महात्माजी हर स्त्री-पुरुष को अपने पैतृक व्यवसाय को अपनाने में विश्वास रखते है तो वह निश्चय ही जातिप्रथा के पक्ष में वकालात करते है और उसे वर्ण-व्यवस्था का नाम देकर व गलत शब्दों का प्रयोग कर अर्थ का अनर्थ करने के दोषी है बल्कि एक उलझन को और अधिक उलझा रहे है।

उनके विचार की सारी उलझन इस कारण है कि महात्मा का कोई स्पष्ट चिंतन नहीं है। उन्हें इस बात की सही समझ नहीं है कि वर्ण क्या है और जाति क्या है तथा हिंदुइज्म को जिंदा रखने के लिए इन दोनों में से किसकी जरूरत है? उन्होंने कहा है कि जाति हिंदू धर्म का सार नहीं है। हमें आशा करनी चाहिए कि वह अपने इस विचार को बदलने के लिए कोई अन्य कारण नहीं ढूंढेंगे। क्या महात्माजी वर्ण को हिंदू धर्म का सार मानते है? कोई भी इसका निर्णायक उत्तर नहीं दे सकता है। 'हरिजन' में छपे उनके लेख डॉ. अंबेडकर के आरोप अभियोग (indictment) को पढ़ने वाले भी उसका उत्तर नहीं दे पाएंगे। उस लेख में वह यह नहीं लिखते कि वर्ण का सिद्धांत हिंदुइज्म का आवश्यक भाग है, वर्ण को हिंदू धर्म का सार कहने की बजाय वह कहते है, 'हिंदू धर्म का सार सत्य का ही एक और केवल एक ईश्वर का रूप मानता है और मानव परिवार के

कानून के तौर पर अहिंसा को दृढ़ता से स्थापित करता है। लेकिन संतराम को उत्तर देने के लिए लिखे गए उनके लेख को पढ़ने वाले 'हां' कहेंगे। लेख में महात्मा कहते है, 'कोई मुसलमान यदि कुरान को नहीं मानता है तो वह मुसलमान कैसे रह सकता है या कोई ईसाई बाइबिल को स्वीकार नहीं करता है तो वह ईसाई कैसे रह जाएगा? इसी प्रकार यदि जाति और वर्ण एक ही अर्थ वाले शब्द है और वर्ण हिंदू धर्म शास्त्रों का आवश्यक भाग है जो हिंदू धर्म को परिभाषित करता है, तो मैं नहीं समझता कि कोई व्यक्ति जाति वर्ण को नहीं मानता है तो वह अपने को हिंदू कैसे कह सकता है?

यह छल कपट कर टालमटोल क्यों? महात्मा क्यों हिचकिचा रहे है? आखिर वह किसको तुष्ट या प्रसन्न करना चाहते है। क्या संत (गांधीजी) सत्य को जानने में असफल रहे हैं? या राजनीतिज्ञ गांधी, संत गांधी के मार्ग में रूकावट है? दरअसल महात्माजी दो वजह से इस उलझन में फंसे हुए है। पहला तो महात्मा का स्वभाव आत्म धोखे या खुदगर्जी के लिए बच्चों वाली सरलता से लगभग हर बात में बच्चों वाली बचकाना देखा जा सकता है। एक बच्चे की तरह वह जिस बात पर विश्वास करना चाहते है कर लेते है। इसलिए हमें उस समय का इंतजार करना पड़ेगा जब वह वर्ण में विश्वास करना छोड़ नहीं दे, जैसा कि जाति से अपना विश्वास उन्होंने अपनी इच्छा से छोड़ दिया है।

उनकी उलझन का दूसरा कारण यह है कि गांधीजी एक साथ दो रोल अदा करना चाहते है, महात्मा का और पॉलिटिशियन का। महात्मा के रूप में वह राजनीति पर अध्यात्म का रंग चढ़ाना चाहते है अर्थात राजनीति का आध्यात्मिकरण करना चाहते है। वह इसमें सफल हुए है या नहीं लेकिन पॉलिटिक्स ने उन्हें जरूर व्यवसायिक बना दिया है। एक पॉलिटिशयन को मालूम होना चाहिए कि समाज सम्पूर्ण सत्य को कभी सहन नहीं कर सकता। इसलिए वह खरी-खरी बात कभी नहीं कहे, यदि वह सम्पूर्ण सत्य बोलता है तो यह उसकी पॉलिटिक्स के लिए नुकसानदायक है। महात्माजी हमेशा जाति व वर्ण का इसलिए समर्थन करते हैं क्योंकि उन्हें बड़ा डर है कि यदि उन्होंने इसका विरोध किया तो पॉलिटिक्स में उनको कोई स्थान नहीं रहेगा। उनकी उलझन का कारण चाहे कुछ भी हो, लेकिन महात्मा को यह बात स्पष्ट बता देनी चाहिए कि वर्ण को जाति का नाम देकर उसका प्रचार करके वह अपने आपको ही नहीं बल्कि जनता को भी धोखा दे रहे हैं।

10. महात्माजी का कहना है कि मैंने (अंबेडकर) हिंदुओं और हिंदू-धर्म को परखने के लिए जो मापदंड अपनाए है वे बहुत सख्त (too severe) है और इन मापदंडों पर परखने से आज के सभी धर्मों की मान्यताएं फेल हो जाएगी। यह शिकायत सही हो सकती है कि मेरी कसौटियों के मापदंड बहुत ऊंचे हैं। लेकिन सवाल यह है कि क्या वे मापदंड उचित है या नहीं? किसी मानव समूह और उनके धर्म को उसकी सामाजिक आचरण नीति (social ethics) पर आधारित

समाजिक आदर्शों (standards) पर ही परखा जाना चाहिए। यदि किसी धर्म को उसके लोगों की भलाई के लिए अच्छा होना चाहिए तो इनके अलावा कोई अन्य मापदंड व्यर्थ होंगे। इसलिए मैं फिर दृढ़ता से कहता हूं कि जो मापदंड मैंने हिंदुओं और हिन्दू धर्म की परीक्षा के लिए प्रयोग में लिए है, वे पूरी तरह उचित है और मुझे इनसे अच्छे कोई मापदंड नजर नहीं आते। यह निष्कर्ष सही हो सकता है कि यदि मेरे मापदंड लागू किए जाए तो इस समय के सभी धर्म फेल हो जाएंगे। लेकिन इससे हिंदुओं व हिंदू धर्म के पोषक के रूप में महात्माजी को इससे अधिक संतोष नहीं मिल सकता, जितना एक पागल दूसरे पागल (madman) से और एक अपराधी (criminal) को दूसरे अपराधी से मिलता है। मैं महात्माजी को विश्वास दिलाता हूं कि उन्होंने मुझ पर आरोप लगाया है कि हिंदुओं व हिंदू धर्म के प्रति नफरत व तिरस्कार (disgust and contempt) की भावनाओं से भरा पड़ा हूं। यह मुझमें केवल हिंदुओं व हिंदू असफलताओं के कारण नहीं है। मैं यह अच्छी तरह जानता हूं कि दुनिया दोष रहित नहीं है, कई तरह की कमियों से भरी पड़ी है और जो व्यक्ति इसमें जीना चाहता है उसे इन दोषों को भी बर्दाश्त करना होगा। अतः जिस समाज में रहने की मेरी नियति है उसके दोषों और कमियों को बर्दाश्त करने को मैं तैयार हूं लेकिन मैं उस समाज में रहना नही चाहता जो गलत आदर्शों का पोषण करें या जिसके आदर्श ऊंचे होते हुए भी अपने सामाजिक जीवन में उन आदर्शों के अनुसार समाज बनाने के लिए तैयार नहीं हो। मैं हिंदुओं व हिंदू-धर्म से सख्त नफरत (disgusted) करता हूं तिरस्कार करता हूं तो वह इसलिए है कि मुझे विश्वास हो गया है कि वह बहुत गलत आदर्शों (ideals) को स्वीकार कर बढ़ावा देता है और गलत सामाजिक जीवन जीता है। हिंदुओं व हिंदू धर्म से मेरा झगड़ा उनके सामाजिक आचरण (social conduct) में कमियों के कारण नहीं है बल्कि यह झगड़ा सिद्धांतों को लेकर (fundamental) है? आदर्शों (ideals) को लेकर है।

11. हिंदू समाज को एक नैतिक पुनर्निर्माण (moral regenaration) की जरूरत है और उस पुनर्निर्माण में अब देरी करना खतरनाक होगा। सवाल यह है कि इस नैतिक पुनरूद्धार को कौन निर्धारित और नियंत्रित कर सकता है? यह साफ है कि यह काम सिर्फ वे ही लोग कर सकते है जिनका बौद्धिक (intellectual) पुनर्निर्माण या विकास हो चुका हो और वे इतने ईमानदार हों कि बुद्धि के विकास से पैदा हुए विश्वासों (intellectual emancipation) को कायम रखने का हौंसला रखते हो।

मेरी राय में कोई भी हिंदू जिसकी गिनती महान नेताओं में होती है, इस काम को करने के लिए बिल्कुल अयोग्य (quite unfit) है। क्योंकि यह कहना संभव नहीं है कि उनका आरंभिक बौद्धिक विकास हो चुका है तो वे अनपढ़ लोगों की तरह साधारण तरीके से अपने आपको धोखा देंगे और न दूसरों की मौलिक अज्ञानता (primitive ignorance) से अनुचित लाभ उठाएंगे। जैसा कि हम उन्हें ऐसा करते हुए देखते हैं। हालांकि हिंदू समाज इस समय एक जर्जर

ढहती हुए (crumbling) दशा में है फिर भी ऐसी दशा के बावजूद ये हिंदू नेता पुराने आदर्शों को अपनाने की अपील करने में शर्म भी महसूस नहीं करते है, जिनका संबंध वर्तमान काल से पूरी तरह से कट चुका है। ये आदर्श अपने शुरूआत में चाहे कितने ही उपयोगी रहे हो लेकिन अब वर्तमान से इनका कोई संबंध नहीं है और वे मार्गदर्शक की बजाय चेतावनी बन गये है। ये नेता अभी भी पुराने आदर्शों के प्रति रहस्यपूर्ण आदर भाव (mystic respect) रखते है जिसके कारण वे अपने समाज के आधार (foundation of society) की परीक्षा के प्रति इच्छुक नहीं है बल्कि ऐसे परीक्षण के विरोधी है।

हिंदू लोग अपनी धार्मिक मान्यताओं (beliefs) को बनाने में इस हद तक लापरवाह है कि उन पर विश्वास नहीं किया जा सकता और यही हाल हिंदू नेताओं का है। इससे भी बुरी बात यह है कि जब कोई इन हिंदू नेताओं को उनके धार्मिक विश्वासों से दूर करने का सुझाव देता है तो वे हिंदू नेता अपने विश्वासों के पक्ष में अनुचित जुनून (illicit passion) से भर जाते हैं। महात्माजी भी इससे बचे हुए नहीं है। ऐसा लगता है कि महात्मा सोचने विचारने में विश्वास नहीं रखते। वे साधु-संतों के कहे अनुसार चलना ज्यादा ठीक मानते है। किसी रूढ़िवादी की तरह (conservative) पुराने अपने पवित्र बना दिए गए बनावटी विचार (consecrated notions) के लिए आदर रखते हुए उनको डर है कि यदि वह एक बार सोचना शुरू कर देंगे तो बहुत सारे आदर्शों, मान्यताओं व संस्थाओं (ideals and institutions) का नाश हो जाएगा, जिनसे वह अब तक चिपके रहे है। उनसे हमें सहानुभूति है क्योंकि स्वतंत्र सोच विचार का हर काम बाहरी रूप से स्थिर दिखाई देने वाली दुनिया के कुछ भाग को खतरे (preril) में डाल देते है। लेकिन यह भी उतना ही सच है कि साधु-संतों पर निर्भर रहने से हम सत्य को कभी नहीं जान सकते। आखिर संत भी तो मनुष्य प्राणी ही है और जैसा कि लार्ड बेसफोर ने कहा है, "मनुष्य की बुद्धि सत्य की पहचान करने वाली मशीन के रूप में सुअर की थुथनी (snout) से बढकर नहीं है।" जहां तक महात्माजी का संबंध है वे हिंदुओं के पुराने सड़े गले सामाजिक ढांचे के समर्थन में कारण ढूंढने के लिए वे अपनी बुद्धि का भ्रष्ट व गिरा हुआ (prostituting of intelligence) प्रयोग करते है। वह इस जाति प्रथा वाले जर्जर ढांचे के सबसे अधिक प्रभावशाली धर्मदंडक समर्थक (influential apologist) है और इस प्रकार वह हिंदुओं के सबसे बड़े दुश्मन (worst enemy) है।

महात्माजी से अलग ऐसे नेता भी है जो सिर्फ विश्वास करने और उन पर चलने से ही संतोष नहीं करते हैं। वे सोच विचार का साहस रखते हैं और अपने विचारों के अनुसार अमल करते हैं। लेकिन जब लोगों को मार्गदर्शन देने की बात आती है तो दुर्भाग्य से वे या तो ईमानदारी से दूर भागते है (dishonest) या उदासीन हो जाते है। लगभग हर ब्राह्मण ने जाति के नियमों को तोड़ा है। जूते बेचने वाले ब्राह्मणों की संख्या पुरोहित का धंधा करने वाले ब्राह्मणों से कहीं अधिक है।

ब्राह्मणों ने न केवल अपने पैतृक व्यवसाय पुरोहिताई को छोड़ दिया है बल्कि उन्होंने अब ऐसे पेशे अपना लिए है जिनको अपनाने के लिए शास्त्रों ने सख्त मना किया है। फिर भी ऐसे कितने ब्राह्मण है जो हर दिन जाति के नियम तोड़ते है, जाति या शास्त्रों के खिलाफ बोलने को तैयार है? यदि सच को सच कहने वाला ईमानदार ब्राह्मण जाति और शास्त्रों के खिलाफ यह प्रचार करता है कि वह अपनी मानसिक सोच विचार (practical instict) और नैतिक आत्मचेतना (moral conscience) के कारण जाति और शास्त्र में आस्था नहीं रखता और उनके खिलाफ बोलने की हिम्मत नहीं कर सकता तो लाखों ब्राह्मण ऐसे है जो हर दिन जाति को तोड़ते हैं, शास्त्रों को पैरों तले रौंदते (trample upon) है लेकिन वे जात-पांत के सिद्धांत और शास्त्रों की पवित्रता के सबसे कट्टर समर्थक (fanatic upholders) हैं। आखिर यह दोगलापन (duplicity) क्यों, वे अच्छी तरह जानते है कि यदि लोगों ने जाति प्रथा के जुए (yoke - बैलगाड़ी में जो बैलों के कंधे पर डाला जाता है) को उतार फेंका तो ब्राह्मण वर्ग की सत्ता शक्ति और प्रतिष्ठा (power and prestige) लिए खतरा बन जाएंगे। ब्राह्मण बुद्धिजीवी की सबसे बड़ी बेईमानी है कि यह अपने विचार चिंतन के अच्छे परिणामों को आम जनता को देने से इन्कार करते है, यह सबसे शर्मनाक (most disgraceful) बात है।

मैथ्यू आर्नोल्ड के शब्दों में, "हिंदू लोग दो दुनिया यानी लोकों के बीच भटक रहे हैं। पहला मृत्युलोक और दूसरा जिनमें जन्म लेने की शक्ति नहीं हैं। उन्हें क्या करना हैं? महात्माजी को वे हिन्दू मार्गदर्शन के लिए प्रार्थना करते है, गांधीजी सोच विचार में विश्वास नहीं रखते और ऐसा मार्गदर्शन कर शिक्षा नहीं दे सकते जिस के विषय में यह कहा जा सके कि वह अनुभव की कसौटी (test of experience) पर खरा उतरता है। मार्गदर्शन के लिए आम व्यक्ति जिस बुद्धिजीवी वर्ग के मुंह की तरफ देख रहे है, लोगों को सही दिशा की ओर शिक्षा देने के मामले में इतने बेईमान और उदासीन है। हम सचमुच एक बड़ी त्रासदी (great tragedy) झेल रहे हैं जिसका अंत बड़ा दुखदायी है और इस दुखांतक काल या घटना के होते हुए व्यक्ति इससे ज्यादा कुछ नहीं कर सकता, सिवाय इसके कि वह दहाड़ मारकर रोते हुए विलाप (lament) करें और कहे, "हे ! हिंदुओं, तुम्हारे नेता ऐसे है।"

❍ ❍ ❍